Inhalt

Inhalt	1
Hinweise zum Einsatz des Materials	2
Projektionsfolien und zugehörige Arbeitsblätter	4
Arbeitsblätter und zugehörige Dateien	6
Projektionsfolie 1: Texte schreiben – früher und heute	7
Projektionsfolie 2, 3: Windows: Arbeiten wie am Schreibtisch	8
Projektionsfolie 4a: Benutzeroberfläche von Word	10
Projektionsfolie 4b: Benutzeroberfläche von Writer	11
Projektionsfolie 5, 6, 7: Texte eingeben und korrigieren	12
Projektionsfolie 8: Dokumente speichern, schließen, öffnen und drucken	15
Projektionsfolie 9, 10, 11: Datensicherheit – von Datenträgern, Ordnern und Dateien	16
Projektionsfolie 12: Textteile kopieren, verschieben und löschen	19
Projektionsfolie 13: Objekte in einem Dokument: Seiten, Absätze und Zeichen	20
Projektionsfolie 14, 15: Zeichen – von Codes und Bytes	21
Projektionsfolie 16, 17: Zeichenattribute – von Schriftarten, Schriftgraden und Schriftschnitten	23
Projektionsfolie 18, 19: Absatzattribute – von Ausrichtungen, Einzügen und Absatzendemarken	25
Projektionsfolie 20, 21: Absatzattribute – von Tabstopps und Tabulatoren	27
Projektionsfolie 22, 23: Dokument und Seiten	29
Projektionsfolie 24: Trennhilfe, Rechtschreibprogramm und Thesaurus	31
Projektionsfolie 25: Formatvorlagen – eine große Hilfe	32
Projektionsfolie 26a: Formatvorlagen in Word	33
Projektionsfolie 26b: Formatvorlagen in Writer	34
Projektionsfolie 27: Dokumentvorlagen	35
Projektionsfolie 28, 29: Tabellen	36
Projektionsfolie 30, 31: Grafikobjekte in Textdokumenten	38
Projektionsfolie 32: Ein Textdokument entsteht	40
Arbeitsblatt 1: Windows: Arbeiten wie am Schreibtisch	41
Arbeitsblatt 2, 3, 4: Texte eingeben und korrigieren	43
Arbeitsblatt 5, 6: Datensicherheit – von Datenträgern, Ordnern und Dateien	49
Arbeitsblatt 7: Textteile verschieben und kopieren	53
Arbeitsblatt 8, 9: Zeichen – von Codes und Bytes	55
Arbeitsblatt 10, 11, 12: Zeichenattribute – von Schriftarten, Schriftgraden und Schriftschnitten	59
Arbeitsblatt 13 Absatzattribute – Ausrichtung	65
Arbeitsblatt 14 Absatzattribute – Einzüge	67
Arbeitsblatt 15 Absatzattribute – Abstände und Absatzendezeichen	69
Arbeitsblatt 16, 17, 18: Absatzattribute – von Tabstopps und Tabulatoren	71
Arbeitsblatt 19: Dokument und Seiten	77
Arbeitsblatt 20: Trennhilfe, Rechtschreibprogramm und Thesaurus	79
Arbeitsblatt 21, 22: Formatvorlagen für Absätze – eine große Hilfe	81
Arbeitsblatt 23, 24: Tabellen und Rahmen	85
Arbeitsblatt 25, 26, 27: Grafikobjekte in Textdokumenten	89
Arbeitsblatt 28: Ein Textdokument entsteht	95

© DUDEN PAETEC GmbH, Berlin. Alle Rechte vorbehalten. Internet: www.duden-paetec.de

Hinweise zum Einsatz des Materials

Die vorliegenden Kopiervorlagen sind für folgende **Lehrergruppen** gedacht:

a) Viele Lehrer müssen informatische Anwendungen integrativ unterrichten. Integrativ unterrichtet wird Informatik in der Sekundarstufe I in Bremen, Baden-Württemberg, Hessen, Nordrhein-Westfalen, Rheinland-Pfalz und im Saarland. Bezeichnungen für diesen Unterricht sind „Informationstechnische Grundbildung" (ITG) oder „Informations- und Kommunikationstechnische Grundbildung" (IKG). „Integrativ" heißt, es gibt keine in Informatik ausgebildeten Lehrer. Für den hessischen Gymnasiallehrer gibt es beispielsweise nur einige IKG-Hinweise zu den Lehrplänen in Deutsch, Spanisch, Italienisch, Englisch, Französisch, Kunst, Musik, Physik, Geschichte, Chemie, Politik und Wirtschaft, Ethik usw.

b) Die Kopiervorlagen könnten auch für jene Lehrer von Interesse sein, die sich entsprechende Grundkenntnisse selbstständig aneignen möchten, weil der Umgang mit solchen Anwendungen mittlerweile zum (auch schulischen) Alltag gehört. In manchen Ländern wird selbst für „informatikferne" Fächer Informationsrecherche im Internet oder das Erstellen digitaler Präsentationen (sogar als Prüfungskomponente) verlangt.

c) Mit dem vorliegenden Material können auch jene Lehrer unterrichten, die Informatik fakultativ als Wahlfach oder Wahlpflichtfach unterrichten. Das ist in den Ländern Brandenburg, Berlin, Hamburg, Niedersachsen, Nordrhein-Westfalen und Thüringen der Fall.

Für all diese Lehrer bieten sich Kopiervorlagen zu folgenden **Standardanwendungen** an:

– Textverarbeitung (das ist das hier vorliegende Material)

– Präsentation

– Internet

– Tabellenkalkulation

Jeder der genannten vier Bausteine gibt neben dem eigentlichen Thema – so es sich anbietet – auch **Einblicke in die folgenden informatischen Inhalte** (immer aus Sicht des entsprechenden Themas):

– Umgang mit dem Computer und Arbeit mit Benutzeroberflächen

– Datensicherheit (Vermeidung von Datenverlusten, Ordnerstrukturen und Dateihandling) und evtl. Datenschutz (Schutz vor unbefugter Benutzung von personenbezogenen Daten)

– Software-Recht

– Datenaustausch zwischen Anwendungsprogrammen, Dateiformate

Es wird sich immer auf **konkrete Programme** bezogen und es werden exakte Menüfolgen angegeben. Das bedeutet, dass in Ausnahmefällen Kopiervorlagen zum gleichen Thema für unterschiedliche Programme angeboten werden, hier sind dies beispielsweise die Projektionsfolien 4a (Benutzeroberfläche von Word 2000) und 4b (Benutzeroberfläche von Writer) oder 26a (Formatvorlagen in Word) und 26b (Formatvorlagen in Writer).

Solche Alternativ-Kopiervorlagen sind selten, weil bei aller Konkretheit der Anwendungsprogramme der Umgang mit ihnen **objektorientiert beschrieben** wird.
Zum Beispiel besteht jedes Textdokument aus Absätzen, Absätze enthalten Zeichen.
Jedes dieser Objekte hat bestimmte Attribute. Absätze besitzen Attribute wie Ausrichtung, Abstand vor, Abstand nach, Zeilenabstand, Einzug, Tabstopp-Positionen usw.
Über bestimmte Menüfolgen, Schalter oder Tastenkombinationen können die Werte der Attribute verändert werden. Ein linksbündiger Absatz kann beispielsweise den Wert „rechtsbündig" erhalten.
Die objektorientierte Beschreibung verhindert, dass bei jeder neuen Version eines Anwendungsprogramms alles neu gelernt werden muss. Auch kann einmal Gelerntes auf andere Anwendungsprogramme übertragen werden.
Ein Beispiel: Will man einen Tabstopp setzen, um Text tabellarisch auszurichten, muss man wissen, dass die Tabstopp-Position ein Absatzattribut ist. Man wird also versuchen, entsprechende Attributwerte (z.B. Ausrichtung rechts bei 12,5 cm) im Menü „Format – Absatz" festzulegen. Bei Word wird man hier über den Schalter „Tabstopps..." in ein gesondertes Fenster geführt, in anderen Textverarbeitungs- oder Layout-Programmen können die Einstellungen direkt im Fenster „Absatz" vorgenommen werden. Um einem bestimmten Absatz den Attributwert „Tabstopp-Ausrichtung rechts bei 12,5 cm" zuzuweisen, muss der Absatz vorher markiert werden. Dazu reicht es aus, den Cursor in den Absatz zu setzen. All das gilt für

jegliche Textverarbeitungsprogramme.
Insgesamt gilt für die Beschreibung von Anwendungen: **So allgemein wie möglich, so konkret wie nötig.**

Es gibt im vorliegenden Material **zwei Arten von Kopiervorlagen:**

- Projektionsfolien für wesentliche Funktionen (Methoden), die das konkrete Anwendungsprogramm bietet
- Arbeitsblätter zur Herausbildung von Handlungskompetenzen im Umgang mit Anwendungsprogrammen

Die Folienvorlagen dienen dem Lehrer zur Vorstellung eines bestimmten Sachverhalts (z.B. Textdokumente – Absatzformatierung) im Lehrervortrag mit Overheadprojektor. Die Arbeitsblätter zum Thema werden danach für Schülerübungen ausgeteilt.

Die Kopiervorlagen bestehen also aus zwei Teilen: **Theorie** und **Praxis.** Beide Teile werden in einer nachfolgenden Übersicht (Seite 4) miteinander „verlinkt".
Mit solcher Art Kopiervorlagen wurden bisher außerordentlich gute Erfahrungen gemacht – sowohl hinsichtlich dem, was beim Schüler haften bleibt, als auch bezüglich „Lehrerfreundlichkeit":

- Der Lehrer hält zu Beginn einer Unterrichtseinheit einen kurzen Vortrag auf Basis der Projektionsfolien. Die Schüler sollten – wenn möglich – Menüfolgen, Tastenkombinationen oder die Arbeit mit der Maus am Computer nachvollziehen und auch Zeit erhalten, Wesentliches in ihre Aufzeichnungen zu übernehmen.
- Danach arbeiten die Schüler die Arbeitsblätter selbstständig ab. Der Lehrer hat Muße für Hinweise und Hilfen für einzelne Schüler.
- Am Schluss jeder Unterrichtseinheit sollte noch einmal eine Zusammenfassung des Gelernten – diesmal durch einen Schüler – erfolgen.

Viele **Aufgaben bauen aufeinander auf.** Für alle zu erstellenden Dokumente gibt es ausreichende Sachverhaltsvorgaben auf den Arbeitsblättern. Damit ist der Lehrer auch bei ausschließlicher Nutzung des Printmediums in der Lage, ohne Dateivorgaben zu arbeiten. Es gibt nachfolgend (Seite 6) eine Übersicht „Arbeitsblatt – benötigte Dokumente (aus vorher gelösten Aufgaben) – (mit dem Arbeitsblatt) zu erstellende Dokumente".

Projektionsfolien und zugehörige Arbeitsblätter

Links sind die Projektionsfolien angegeben, die vorgestellt werden sollten, bevor die entsprechenden Arbeitsblätter angeboten werden, rechts die jeweils zugehörigen Arbeitsblätter.

Das ist ein Vorschlag für eine mögliche zeitliche Abfolge der zu behandelnden Inhalte. Man kann dies durchbrechen, z.B. die Folie 1 erst am Ende oder zumindest nach hinreichend großer Erfahrung mit Textprogrammen vorstellen. Es ist durchaus auch sinnvoll, die eine oder andere Folie immer mal wieder aufzulegen, wenn bestimmtes Wissen über Handlungsfolgen verloren gegangen ist.

PF 1:	Texte schreiben – früher und heute		
PF 2:	Windows: Arbeiten wie am Schreibtisch (1)		
PF 3:	Windows: Arbeiten wie am Schreibtisch (2)	AB 1:	Windows: Arbeiten wie am Schreibtisch
PF 4a:	Benutzeroberfläche von Word		
PF 4b:	Benutzeroberfläche von Writer		
PF 5:	Texte eingeben und korrigieren (1)		
PF 6:	Texte eingeben und korrigieren (2)	AB 2:	Texte eingeben und korrigieren (1)
PF 7:	Texte eingeben und korrigieren (3)	AB 3:	Texte eingeben und korrigieren (2)
		AB 4:	Texte eingeben und korrigieren (3)
PF 8:	Dokumente speichern, schließen, öffnen und drucken		
PF 9:	Datensicherheit – von Datenträgern, Ordnern und Dateien (1)		
PF 10:	Datensicherheit – von Datenträgern, Ordnern und Dateien (2)	AB 5:	Datensicherheit – von Datenträgern, Ordnern und Dateien (1)
PF 11:	Datensicherheit – von Datenträgern, Ordnern und Dateien (3)	AB 6:	Datensicherheit – von Datenträgern, Ordnern und Dateien (2)
PF 12:	Textteile kopieren, verschieben und löschen	AB 7:	Textteile verschieben und kopieren
PF 13:	Objekte in einem Dokument: Seiten, Absätze und Zeichen		
PF 14:	Zeichen – von Codes und Bytes (1)	AB 8:	Zeichen – von Codes und Bytes (1)
PF 15:	Zeichen – von Codes und Bytes (2)	AB 9:	Zeichen – von Codes und Bytes (2)
PF 16:	Zeichenattribute – von Schriftarten, Schriftgraden und Schriftschnitten (1)	AB 10:	Zeichenattribute – von Schriftarten, Schriftgraden und Schriftschnitten (1)
PF 17:	Zeichenattribute – von Schriftarten, Schriftgraden und Schriftschnitten (2)	AB 11:	Zeichenattribute – von Schriftarten, Schriftgraden und Schriftschnitten (2)
		AB 12:	Zeichenattribute – von Schriftarten, Schriftgraden und Schriftschnitten (3)
PF 18:	Absatzattribute – von Ausrichtungen, Einzügen und Absatzendemarken (1)	AB 13:	Absatzattribute – Ausrichtung
PF 19:	Absatzattribute – von Ausrichtungen, Einzügen und Absatzendemarken (2)	AB 14:	Absatzattribute – Einzüge
		AB 15:	Absatzattribute – Abstände und Absatzendezeichen

PF 20: Absatzattribute – von Tabstopps und Tabulatoren (1)	
PF 21: Absatzattribute – von Tabstopps und Tabulatoren (2)	AB 16: Absatzattribute – von Tabstopps und Tabulatoren (1)
	AB 17: Absatzattribute – von Tabstopps und Tabulatoren (2)
	AB 18: Absatzattribute – von Tabstopps und Tabulatoren (3)
PF 22: Dokument und Seiten (1)	
PF 23: Dokument und Seiten (2)	AB 19: Dokument und Seiten
PF 24: Trennhilfe, Rechtschreibprogramm und Thesaurus	AB 20: Trennhilfe, Rechtschreibprogramm und Thesaurus
PF 25: Formatvorlagen – eine große Hilfe	
PF 26a: Formatvorlagen in Word PF 26b: Formatvorlagen in Writer	AB 21: Formatvorlagen für Absätze – eine große Hilfe (1)
	AB 22: Formatvorlagen für Absätze – eine große Hilfe (2)
PF 27: Dokumentvorlagen	
PF 28: Tabellen (1)	
PF 29: Tabellen (2)	AB 23: Tabellen und Rahmen (1)
	AB 24: Tabellen und Rahmen (2)
PF 30: Grafikobjekte in Textdokumenten (1)	
PF 31: Grafikobjekte in Textdokumenten (2)	AB 25: Grafikobjekte in Textdokumenten (1)
	AB 26: Grafikobjekte in Textdokumenten (2)
	AB 27: Grafikobjekte in Textdokumenten (3)
PF 32: Ein Textdokument entsteht	AB 28: Ein Textdokument entsteht

Arbeitsblätter und zugehörige Dateien

Arbeitsblatt	benötigte Dokumente	zu erstellende Dokumente
AB 2		Erde.doc
AB 3	Erde.doc	
AB 4		Fruehling.doc, Herbst.doc
AB 5	Erde.doc, Fruehling.doc, Herbst.doc	(Ordnerbaum)
AB 6	(Ordnerbaum aus AB 5)	(Ordnerbaum Tiere)
AB 7	Fruehling.doc, Herbst.doc	Fruehling2.doc, Jahreszeiten.doc, Paul1.doc
AB 8		Einladung.doc
AB 9	Erde.doc	Erde2.doc
AB 11	Erde2.doc	Erde3.doc
AB 15	Paul1.doc	Paul2.doc
AB 16		Tabulatoren.doc, Tabulatoren 2.doc
AB 17	Tabulatoren 2.doc	
AB 18		Atlas.doc, Rechnung.doc
AB 19	Einladung.doc	Malware 1, Malware 2
AB 20	Malware2.doc	
AB 21	Erde.doc	
AB 22	Fruehling2.doc	Fruehling3.doc, Fruehling4.doc
AB 23		Tabelle1.doc, Tabelle2.doc
AB 24		Tabelle3.doc, Tabelle4.doc
AB 26	Einladung.doc	
AB 27	Erde3.doc, Tabelle4.doc	Erde4.doc, Tabelle5.doc
AB 28	Einladung.doc	Einladung2.doc, (Erneuerbare Energien)

Bildquellenverzeichnis

Wolfgang Beyer, Schwanebeck: 53, 54; Bibliographisches Institut & F. A. Brockhaus, Mannheim: 7/2; DUDEN PAETEC GmbH: 7/3; Günter Liesenberg, Berlin 18/1; Bernd Raum, Neuenhagen: 7/1; Sony Deutschland GmbH 18/2

Texte schreiben – früher und heute

Ausgang der Schrift war ein Mitteilungsbedürfnis, man wollte sprachliche Informationen sichtbar machen und dauerhaft erhalten. Mit einem vereinbarten, festgelegten Zeichensystem konnte man miteinander kommunizieren.

Schriftart / Zeitspanne	Informationsträger / Hilfsmittel	Abbildung
Felsenbilder, Höhlenmalerei vor ca. 50000 Jahren	**Felsen** Geheimnisvolle Bildzeichen und Symbole wurden mit Naturfarben gemalt oder mit spitzen Werkzeugen geritzt.	
Keilschrift ca. 3000 v.Chr.	**Tonplatten** Mit einem dreieckigen Griffel wurden die keilförmigen Zeichen eingedrückt.	
Hieroglyphen knapp 3000 v.Chr.	**Papyrusrolle** Mit Tinte und Rohrhalm wurde dieser Informationsträger beschrieben.	Strich 1, Schriftrolle 100, Zeigefinger 10000
Phönikisch Griechisch Lateinisch Kyrillisch ab 1500 v.Chr.	**Papier** Es entwickelten sich verschiedene Schriftarten und es wurde mit verschiedenen Werkzeugen und Tinte geschrieben.	

Mit Erfindung des Buchdrucks durch JOHANNES GUTENBERG um 1445 konnten von einem Text nun **mehrere Kopien** gemacht werden.

Die mechanische **Schreibmaschine** (seit 1873/74) erlaubte die schnelle Herstellung von Schriftstücken von Hand, der Text war gut leserlich und gleichmäßig. Mehrere Exemplare eines Schriftstücks werden mithilfe von Kohlepapier erstellt.

Heutige **Textverarbeitungssysteme** erlauben das computergestützte Erstellen, Bearbeiten und das Speichern von Texten.
Es können beliebig viele Originale gedruckt werden. Informationsträger sind neben dem Papier **elektronische** (USB-Stick), **optische** (CD, DVD, Blu-ray Disc) und **magnetische** (Festplatte) **Speichermedien**.

→ **Vorteile der Textverarbeitung**

- problemloses Kopieren
- schnelle und einfache Fehlerkorrektur
- Nutzung vorhandener Textteile
- viele Gestaltungsmöglichkeiten (Schriftarten und -größen, Spalten, Tabellen)
- Einbindung von Grafiken und multimedialen Objekten
- Verschicken von Texten per E-Mail

Windows: Arbeiten wie am Schreibtisch (1)

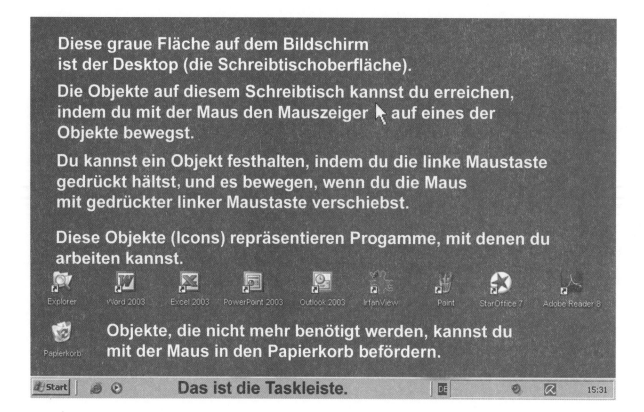

- Die Taskleiste sagt dir etwas über die aktuelle Situation auf deinem Desktop.
- Hast du bereits Programme (Tasks) geöffnet, werden sie dir mit den entsprechenden Symbolen und etwas Text in der Taskleiste angezeigt.

- Dabei ist das Programm, mit dem du gerade arbeitest (hier die Textverarbeitung Microsoft Word), hervorgehoben dargestellt.
- Am linken Ende der Taskleiste findest du die Schaltfläche Start .
- Ein Klick mit der linken Maustaste auf diese Schaltfläche öffnet dir ein Menü, über das du Programme öffnen, nach Dateien suchen und Einstellungen am Computer vornehmen kannst.
- Daneben findest du noch weitere Programmsymbole.
- In der rechten Hälfte wird dir mit DE bzw. EN der aktuelle Tastaturstatus angezeigt. Den kannst du mit einem Mausklick auf das Symbol auswählen.
- Daneben siehst du noch einige Symbole von Programmen, die zwar gerade aktiv sind, aber auf dem Desktop nicht mit einem Fenster vertreten sind, wie z.B. Virenschutzprogramme.
- Am Ende der Taskleiste, ganz rechts, kannst du feststellen, dass es schon 15:31 Uhr ist.

Windows: Arbeiten wie am Schreibtisch (2)

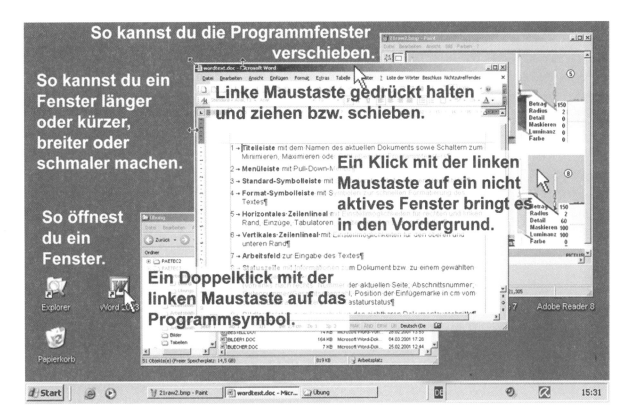

- Du kannst, wie auf einem gewöhnlichen Schreibtisch, mehrere Objekte gleichzeitig auf dem Desktop zur Nutzung bereithalten.

- Du kommst immer besser voran, wenn du nur die Programme öffnest, die du zur Arbeit brauchst.

- Ist ein Programm nicht mehr erforderlich, schließe es mit einem Mausklick auf die kleine Schaltfläche mit dem Kreuz rechts oben in der Fensterecke.

- Hast du vergessen, deine Arbeit vor dem Schließen zu speichern, wirst du daran erinnert und du kannst das Versäumnis nachholen.

- Du willst ein Programm noch nicht schließen, aber es soll auf dem Desktop im Moment keinen Platz beanspruchen, dann klicke auf die Schaltfläche mit dem kleinen Strich.

- Möchtest du in einem Programmfenster möglichst viel Platz haben, dann klicke auf die Schaltfläche mit dem Rechteck.
  Das Fenster wird nun den gesamten Desktop einnehmen und das angeklickte Symbol zeigt jetzt zwei Rechtecke.

- Da nun alle anderen geöffneten Programmfenster verdeckt sind, kannst du diese auch in den Vordergrund holen, indem du auf die entsprechende Schaltfläche in der Taskleiste klickst.

- Um an den Befehl **Herunterfahren** (also Arbeit beenden) zu kommen, musst du auf die Schaltfläche **Start** klicken.

Benutzeroberfläche von Word

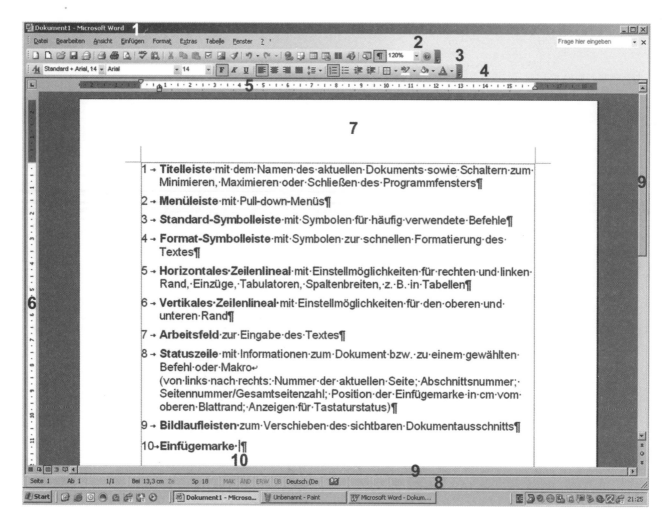

- Das Textverarbeitungsprogramm startet stets mit einer leeren Seite.
- Links oben auf dem leeren Blatt blinkt ein senkrechter kleiner Strich – die Einfügemarke.
- Arbeitet man in der **Seiten-Layout-Ansicht**, wie hier im Bild, sind die Blattränder sichtbar und man kann sich auch die Textbegrenzung anzeigen lassen, die einer besseren Orientierung dient und nicht mitgedruckt wird.
- Arbeitet man in der **Normalansicht,** sind Blattränder und Textränder nicht sichtbar und es wird nur das horizontale Zeilenlineal angezeigt.
- Die verschiedenen Ansichten können mit den Symbolen am linken Ende der horizontalen Bildlaufleiste oder über das Menü Ansicht gewählt werden.
- Wenn die Textverarbeitung so eingestellt ist, dass die Textzeichen, die nicht mitgedruckt werden, sichtbar sind, sieht man hinter der Einfügemarke ein letztes Absatzende-Zeichen – das **Textende-Zeichen**.
- Sind bereits einige Zeilen Text geschrieben, kann man die Einfügemarke mithilfe der Maus oder mit den Pfeiltasten an eine beliebige Stelle im Text setzen, aber niemals hinter bzw. unter das Textende-Zeichen. Es bleibt immer das letzte Zeichen im Text und kann nicht gelöscht werden.

Benutzeroberfläche von Writer

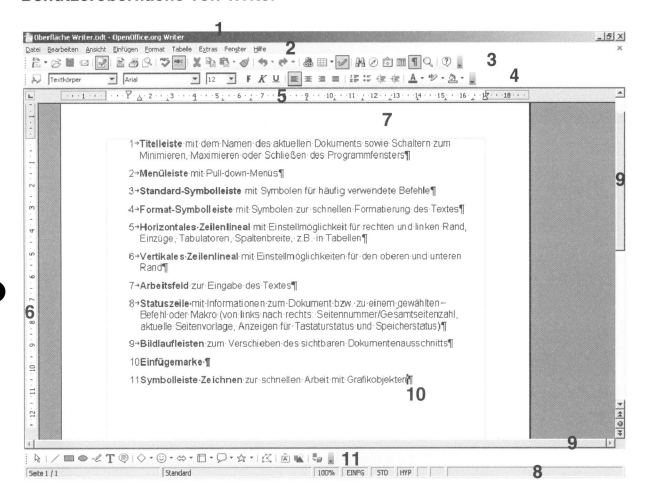

- Das Textverarbeitungsprogramm startet stets mit einer leeren Seite.
- Links oben auf dem leeren Blatt blinkt ein senkrechter kleiner Strich – die Einfügemarke.
- Arbeitet man in der **Seiten-Layout-Ansicht**, wie hier im Bild, sind die Blattränder sichtbar und man kann sich auch die Textbegrenzung anzeigen lassen, die einer besseren Orientierung dient und nicht mitgedruckt wird.
- Arbeitet man in der **Normalansicht,** sind Blattränder und Textränder nicht sichtbar und es wird nur das horizontale Zeilenlineal angezeigt.
- Die verschiedenen Ansichten können mit den Symbolen am linken Ende der horizontalen Bildlaufleiste oder über das Menü Ansicht gewählt werden.
- Wenn die Textverarbeitung so eingestellt ist, dass die Textzeichen, die nicht mitgedruckt werden, sichtbar sind, sieht man hinter der Einfügemarke ein letztes Absatzende-Zeichen – das **Textende-Zeichen**.
- Sind bereits einige Zeilen Text geschrieben, kann man die Einfügemarke mithilfe der Maus oder mit den Pfeiltasten an eine beliebige Stelle im Text setzen, aber niemals hinter bzw. unter das Textende-Zeichen. Es bleibt immer das letzte Zeichen im Text und kann nicht gelöscht werden.

Projektionsfolie 5

Texte eingeben und korrigieren (1)

Bei Textverarbeitungsprogrammen werden alle Zeichen gleich behandelt.

Es gibt:
- Buchstaben von „A" bis „Z"
- Satzzeichen wie „." oder „?"
- Ziffern von „0" bis „9"
- Sonderzeichen und Symbole wie §, &, %, ✂, ∅, ©
- Formatierungszeichen wie die Absatzmarke ¶

Text wird fortlaufend eingegeben.

Die aktuelle Schreibposition nennt man Schreibmarke oder **Cursor**. Der Cursor wandert mit dem eingegebenen Text mit, sodass man immer erkennen kann, an welcher Stelle der Text im Dokument erscheinen wird.

Den **Zeilenumbruch** führt das Programm selbstständig aus und schreibt den Text automatisch in einer neuen Zeile weiter.

Möchte man eine neue Zeile beginnen, ohne einen neuen Absatz anzufangen, benutzt man die Umschalt-Taste und die Eingabe-Taste gleichzeitig.

Möchte man einen neuen **Absatz** beginnen, dann muss die „Eingabe-Taste" (auch „Return-Taste" oder „Enter-Taste" genannt) gedrückt werden.

Möchte man eine **leere Zeile** erzeugen, muss man die Eingabe-Taste 2-mal drücken.

Hilfreich kann es sein, wenn man zur Kontrolle der Eingaben die normalerweise verborgenen **Formatierungszeichen** einblendet.
Die Wortzwischenräume sind nun als Punkt · zu sehen, das Ende des Absatzes als
¶ und ein erzwungener Zeilenwechsel als ↵

Symbolleiste ohne eingeschaltete Sichtbarkeit von Formatierungszeichen

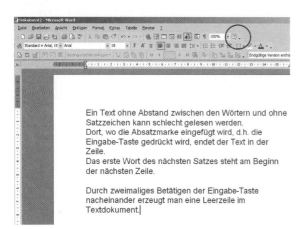

Symbolleiste mit eingeschalteter Sichtbarkeit von Formatierungszeichen

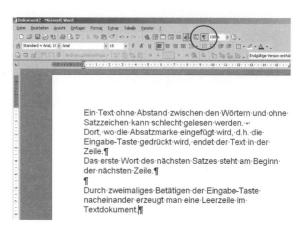

Texte eingeben und korrigieren (2)

Will man einen Text korrigieren, z.B. Zeichen löschen, Zeichen ergänzen oder durch andere ersetzen, positioniert man zunächst die Schreibmarke (Cursor) an die gewünschte Stelle und betätigt folgende Tastenkombinationen:

→ Text löschen

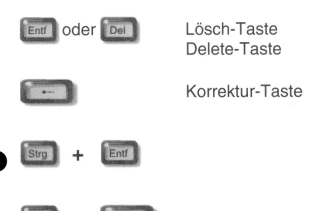

Entf oder **Del**	Lösch-Taste / Delete-Taste	Zeichen rechts der Schreibmarke wird gelöscht
←	Korrektur-Taste	Zeichen links der Schreibmarke wird gelöscht
Strg + **Entf**		Wort rechts der Schreibmarke wird gelöscht
Strg + **←**		Wort links der Schreibmarke wird gelöscht

Zum Löschen von Zeichen in einem Textdokument verwendet man verschiedene Tasten und Tastenkombinationen.
Nutze ich die Lösch-Taste, muss die Schreibmarke **vor** dem Zeichen stehen, dass gelöscht werden soll!

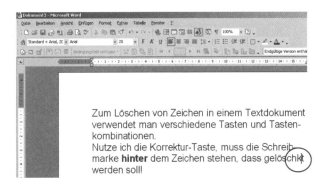

Zum Löschen von Zeichen in einem Textdokument verwendet man verschiedene Tasten und Tastenkombinationen.
Nutze ich die Korrektur-Taste, muss die Schreibmarke **hinter** dem Zeichen stehen, dass gelöscht werden soll!

→ Text einfügen

Nach dem Start des Textverarbeitungsprogramms befindet es sich standardmäßig im sogenannten Einfügemodus, das heißt, alle Zeichen werden an der aktuellen Scheibmarke eingegeben und der Rest des Textes wird nach rechts bzw. nach unten verschoben.

→ Text überschreiben

Soll das Zeichen, das sich rechts der Schreibmarke befindet, durch das neu eingegebene Zeichen ersetzt werden, muss der Überschreibemodus aktiviert werden.
Dazu betätigt man die „Einfüge-Taste".

Einfg oder **Ins**

Texte eingeben und korrigieren (3)

Möchte man einen gößeren Abschnitt des Textes löschen, ist es erforderlich, die entsprechenden Textteile vorher zu markieren. **Markierte Textteile** werden invers dargestellt.

→ **Text markieren mit der Maus**

Markierung	Aktion	Beispiel
1 Wort	Doppelklick **auf** das Wort	Markieren eines Wortes
1 Satz	[Strg]-Taste gedrückt halten + Einfachklick **in** den Satz	Markieren eines gesamten Satzes, um ihn danach zu löschen. Der restliche ...
1 Absatz	Doppelklick in den Bereich neben dem Absatz	Markieren eines gesamten Absatzes, um ihn danach zu löschen. Der restliche Text ...
gesamter Text	[Strg]-Taste gedrückt halten + Einfachklick links neben den gesamten Text	Markieren eines gesamten Absatzes, um ihn danach zu löschen. Um eine Markierung wieder aufzuheben, betätigt man eine beliebige Cursor-Taste.
nicht zusammenhängende Textteile	Markieren des ersten Textabschnitts, dann [Strg]-Taste gedrückt halten + weiteres Markieren von Textteilen (gilt ab Word 2002)	Markieren eines gesamten Absatzes, um ihn danach zu löschen. Um eine Markierung wieder aufzuheben, betätigt man eine beliebige Cursor-Taste.

→ **Text markieren mit der [F8]-Taste**

Wenn die Schreibmarke am Anfang des zu markierenden Bereichs platziert wird, kann man mit dieser Taste verschiedene Markierungen vornehmen:

```
1 Wort           zweimal
1 Satz           dreimal
1 Absatz         viermal
gesamter Text    fünfmal
```
[F8]

Dokumente speichern, schließen, öffnen und drucken

Der Vorteil eines Textverarbeitungsprogramms ist die mehrfache Nutzungsmöglichkeit des Textes – Voraussetzung dafür ist das Speichern des Textdokuments / der Datei auf einen Datenträger.
(Die Bezeichnungen „Dokument" und „Datei" werden hier synonym verwendet)

→ **Dokument speichern** – man unterscheidet grundsätzlich zwei Arten:

1. Die Methode **„Speichern unter"** wird verwendet, wenn eine Datei zum ersten Mal gespeichert wird oder wenn man die vorhandene Dateibezeichnung (Dateiname oder Dateinamenserweiterung) oder den Speicherort ändern möchte.
2. Die Methode **„Speichern"** wird verwendet, wenn die Dateibezeichnung bereits erfolgt ist und unter dem gleichen Namen am gleichen Speicherort noch einmal (die aktuelle Version) gespeichert werden soll. Die bisherige Datei wird dabei automatisch überschrieben.

● Regelmäßiges Speichern ist sinnvoll!

→ **Dokument schließen**

Ein Dokument kann nach erfolgter Speicherung geschlossen werden, um die Arbeit planmäßig zu beenden.

→ **Dokument öffnen**

Das Dokument kann von seinem Speicherplatz wieder in das Textverarbeitungsprogramm geladen/geöffnet werden, um es weiter zu bearbeiten.

→ **Dokument drucken**

Das Ausdrucken eines Textdokuments ist zu jeder Zeit möglich. Es sind vor dem Druck einige Einstellungen erforderlich, z.B. die Auswahl des Druckers, des Druckbereichs, die Anzahl der Kopien, die Qualität des Druckes usw.
Die Ansicht des Dokuments in der Seitenansicht vor dem Drucken ist sinnvoll!

Methode	Menüsteuerung	Symbolsteuerung	Tastensteuerung
Speichern			Strg + S
Speichern unter		keine Symbolsteuerung	
Schließen		×	Strg + F4
Öffnen			Strg + O
Drucken			Strg + P

Datensicherheit – von Datenträgern, Ordnern und Dateien (1)

Für das Betriebssystem besteht der Computer für die Datenverwaltung aus drei Arten (Klassen) von Objekten:

Datenträger	vergleichbar mit Aktenschränken
Ordner/Verzeichnisse	vergleichbar mit Aktenordnern und Einlegeheftern
Dateien	vergleichbar mit Akten (Texte, Bilder, Diagramme, ...)

Umgangssprachlich könnte man formulieren:
„Eine Datei wird auf dem Datenträger in einem Verzeichnis gespeichert."

→ Datei

Jede Datei enthält einen zusammenhängenden Datenbestand. Dateien besitzen die **Attribute** Dateityp, Ort (auf dem Datenträger), Größe, Erstellt (am), Geändert (am), Zugriffsrechte. Die entsprechenden Attributwerte erhältst du, wenn du mit der rechten Maustaste auf die Dateibezeichnung klickst und das Menü „Eigenschaften" auswählst.

Eine Dateibezeichnung sieht so aus: **Dateinamen.Dateinamenserweiterung**
Verwende sinnvolle Dateinamen, die auf den Inhalt schließen lassen! Für die Bildung sind Leerzeichen unerwünscht und bestimmte Sonderzeichen verboten (* / \ < > :)
Auch Umlaute (ä, ö, ü) sollten nicht verwendet werden.
Dateinamenserweiterungen werden vom Anwendungsprogramm automatisch bei der Speicherung des Dokuments vorgenommen. An der Dateinamenserweiterung erkennt man das Dateiformat, z.B. bmp für eine Bilddatei oder wav für eine Audiodatei.
Typische Dateibezeichnungen für Textdokumente:
- brief1.txt
  Das Dokument wurde in einem Text-Editor, z.B. NOTEPAD, erstellt.
- rechnung.doc
  Das Dokument wurde im Programm WORD erstellt.
- gedichtsammlung_12.docx
  Das Dokument wurde im Programm WORD (ab Version 2007) erstellt.
- klassenarbeit.odt
  Das Dokument wurde im Programm Open Office erstellt.
- bedienungsanleitung_mixer.rtf
  Das Dokument wurde z.B. in Open Office erstellt und im rtf-Format gespeichert.

Moderne Textverarbeitungsprogramme bieten die Möglichkeit, Textdokumente unter verschiedenen Dateiformaten zu speichern, um den Datenaustausch zwischen Informatiksystemen zu gewährleisten.
Plattformübergreifende Dateiformate sind z.B. das pdf-Format, das rtf-Format und das txt-Format.

Nachdem eine Datei erzeugt wurde, kann man sie mit den Methoden **Öffnen, Kopieren, Verschieben, Umbenennen, Löschen** oder **Drucken** verwalten.

Datensicherheit – von Datenträgern, Ordnern und Dateien (2)

→ **Ordner (Verzeichnisse)**

Bei der Arbeit am PC werden viele verschiedene Dateien erarbeitet und gespeichert. Sind diese ungeordnet abgelegt, können Probleme beim Auffinden einer Datei auftreten – durch Ordner wird die Dateiverwaltung sinnvoll organisiert.

Es ist zu empfehlen, sich schon vor der Erarbeitung von Dokumenten Gedanken über die spätere Speicherung zu machen und eine **Ordnerstruktur** / einen **Ordnerbaum** anzulegen.

„Handschriftlicher" Entwurf einer Ordnerstruktur

Umsetzung im Explorer des PC (alphabetisch geordnet)

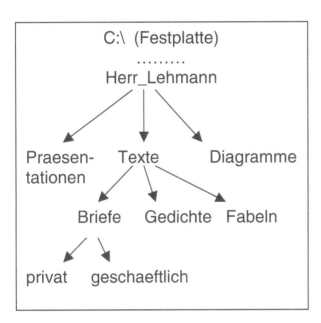
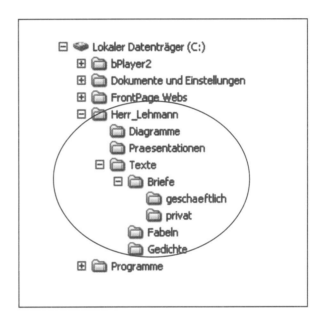

- Die Schaltfläche ⊞ lässt einen Ordner aufspringen und gewährt einen Einblick in seinen Inhalt, über die Schaltfläche ⊟ kannst du ihn wieder schließen.

Die Position jeder Datei kann durch eine entsprechende Pfadangabe spezifiziert werden, die an der Wurzel beginnt und alle zu durchlaufenden Ordner auflistet.

Dateien und Ordner stehen in einer unmittelbaren „Klassenbeziehung" und haben einige Methoden und Attribute gemeinsam:
- Ordner können Ordner enthalten.
- Ein Ordner kann keine, eine oder mehrere Dateien enthalten.
- Eine Datei ist in genau einem Ordner enthalten.
- Ordner und Dateien haben gleiche Methoden, z.B. Öffnen, Kopieren, Verschieben, Löschen, Umbenennen.
- Ordner und Dateien haben einige Attribute gemeinsam, z.B. Ort (auf dem Datenträger), Inhalt, Erstellt am, Zugriffsrechte.

Datensicherheit – von Datenträgern, Ordnern und Dateien (3)

→ Verwaltung von Dateien und Ordnern

Ordner oder Dateien müssen in einem Arbeitsplatzfenster oder im Dateimanager markiert werden (einfach anklicken). Dann kann man folgende Methoden anwenden:

- Öffnen
  Klick oder Doppelklick auf den Ordner- oder Dateinamen

- Kopieren
  Menü „Bearbeiten – Kopieren" → Ziel suchen → Menü „Bearbeiten – Einfügen" oder mit gedrückter [Strg]-Taste von dem einen ins andere Fenster ziehen

- Verschieben
  Menü „Bearbeiten – Ausschneiden" → Ziel suchen → Menü „Bearbeiten – Einfügen" oder Objekt mit der Maus von dem einen ins andere Fenster ziehen

- Löschen
  Menü „Datei – Löschen" oder [Entf]-Taste

- Umbenennen
  Menü „Datei – Umbenennen" oder nach dem Markieren noch einen Klick auf die Dateibezeichnung ausführen und neuen Namen eintragen

→ Datenträger

Programme, Dateien aber auch Ein- und Ausgabedaten müssen irgendwo außerhalb (extern) der Zentraleinheit des Computers „aufgehoben", also gespeichert werden. Speichermedien sind der schnellen Weiterentwicklung in der IT-Branche unterworfen und unterscheiden sich hauptsächlich in der Speicherart, der Speicherkapazität, der Lebensdauer und dem Preis.
Die wichtigsten **externen Speichermedien** sind:

Speicher-medium	Speicherkapazität (Beispiele)	besonders geeignet für
Festplatte	bis 1 TB und mehr	große Datenmengen
USB-Stick	1 GB, 2 GB, 4 GB, 8 GB und mehr	flexiblen Datenaustausch
CD (Compact Disc)	650 MB, 700 MB, 800 MB	Archivierung von Musikdateien
DVD (Digital versatile Disc)	4,7 GB (1/0), 8,5 GB (2/0), 2 x 4,7 GB (1/1), 2 x 8,5 GB (2/2)	Archivierung von Videodateien
BD (Blu-ray Disc)	25 GB, 50 GB und mehr	Archivierung von Videodateien

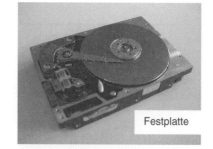
Festplatte

DVD-Player

Projektionsfolie 12

Textteile kopieren, verschieben und löschen

Textteile können an beliebige Stellen im gleichen Dokument oder in ein anderes Dokument kopiert oder verschoben werden.

→ **Kopieren**
Ein markierter Textabschnitt wird an einer anderen Stelle eingefügt – der Textabschnitt bleibt an seiner ursprünglichen Stelle erhalten.

→ **Verschieben**
Ein markierter Textabschnitt wird von seiner Position entfernt und an einer anderen Stelle eingefügt.

→ **Löschen**
Ein markierter Textabschnitt wird von seiner Position entfernt.

Methode	Drag & Drop	Menüsteuerung	Symbole	Tasten
Kopieren	– Mauszeiger auf den markierten Textteil setzen – linke Maustaste + [Strg] gedrückt halten – „Ziehen" des Textteiles an die Einfügeposition – Loslassen der linken Maustaste, danach [Strg] loslassen	– Markieren des Textteiles – Menü „Bearbeiten – Kopieren" (Zwischenablage) – Einfügeposition suchen – Menü „Bearbeiten – Einfügen"	📋 📋	[Strg] + C [Strg] + V
Ver-schieben	– Mauszeiger auf den markierten Textteil setzen – linke Maustaste gedrückt halten – „Ziehen" des Textteiles an die Einfügeposition – Loslassen der linken Maustaste	– Markieren des Textteiles – Menü „Bearbeiten – Ausschneiden" (Zwischenablage) – Einfügeposition suchen – Menü „Bearbeiten – Einfügen"	✂ 📋	[Strg] + X [Strg] + V
Löschen		– Markieren des Textteiles – Menü „Bearbeiten – Löschen"	✂	[Entf]

Objekte in einem Dokument: Seiten, Absätze und Zeichen

Textdokumente kann man in drei Klassen von **Objekten** einteilen:
- Seite (oder das gesamte Dokument selbst)
- Absatz
- Zeichen

Objekt	Attribute (Beispiele für Attributwerte)	Hinweise
Seite (Dokument)	– Seitengröße (DIN A4, DIN A5, C5-Umschlag) – Ausrichtung (Hoch-, Querformat) – Seitenränder (links 2,54 cm, oben 1,5 cm, unten 1,5 cm, rechts 3,2 cm) – Kopfzeile (1 cm Abstand vom Seitenrand) – Fußzeile (0,8 cm Abstand vom Seitenrand) – Seitennummerierung (unten, zentriert) – Spaltenanzahl (1-spaltig, 2-spaltig)	Wenn eine Seite vollgeschrieben ist, wird automatisch eine neue erzeugt. Man kann einen Seitenwechsel erzwingen durch [Strg] + [↵] Die Zuweisung der Attributwerte erfolgt über das Menü „Datei – Seite einrichten" *(Word)* oder über das Menü „Format – Seiteneinstellungen" *(Writer)*.
Absatz	– Ausrichtung (links, rechts, zentriert, Blocksatz) – Abstand vor/nach dem Absatz (vor: 3 pt, nach: 6 pt) – Abstand zwischen den Zeilen (einzeilig, 1,5-zeilig, 10 pt) – Einzug (links 2 cm, rechts 4 cm, hängend um 0,5 cm) – Tabstopps (linksbündig bei 4 cm, rechtsbündig bei 16 cm, dezimal bei 12,6 cm)	Absätze setzt man im Text, um gedankliche Einheiten zu verdeutlichen. Man erzeugt einen Absatz durch die [↵]-Taste. Man kann Absätze am Zeichen ¶ erkennen. Zeilenwechsel in Absätzen kann man erzwingen: [⇧] + [↵] Die Zuweisung der Attributwerte erfolgt über das Menü „Format – Absatz".
Zeichen	– Schriftgröße/Schriftgrad (8 pt, 12 pt) – Schriftart (Arial, Courier New, Times) – Schriftfarbe (rot, grün) – Schriftstil (Standard, fett, kursiv, unterstrichen)	Zeichen werden über die Tastatur (auch mithilfe des ANSI-Codes) eingegeben. Die Zuweisung der Attributwerte erfolgt über das Menü „Format – Zeichen".

Wenn du ein leeres Textdokument öffnest, sind bestimmte Attributwerte für die Objekte schon vorgegeben (z.B. „DIN A4" für die Seitengröße), du kannst diese Attributwerte aber jederzeit ändern.

Zeichen – von Codes und Bytes (1)

Der Computer kann nur mit zwei Zuständen „rechnen" (Strom fließt / fließt nicht). Dafür verwendet man die Ziffern „0" und „1" – man spricht von 1 Bit. Zur Darstellung von Zeichen benötigt man Bitmuster. Wird z.B. ein „A" über die Tastatur eingegeben, so wird dieses Zeichen intern in die Dualzahl 01000001 umgewandelt.

Bereits in den 1960er-Jahren einigte man sich auf einen Code, der mit 7 Bit alle für die Arbeit mit dem PC notwendigen Zeichen codieren konnte (2^7 = 128 Zeichen), den **ASCII Code** (**A**merican **S**tandard **C**ode for **I**nformation **I**nterchange).

7	6	5	4	3	2	1	Bit-Nr.	Alt + Dezimalwert (Ziffernblock)
2^6	2^5	2^4	2^3	2^2	2^1	2^0		
64	32	16	8	4	2	1	Wert	
Beispiele für ASCII-Zeichen								
1	1	0	0	1	0	1	101	e
1	0	0	0	0	0	1	65	A
0	1	1	0	0	0	1	49	1
0	1	1	1	0	1	0	58	:

Der ASCII-Code umfasst das lateinische Alphabet in Groß- und Kleinschreibung, die zehn Ziffern sowie einige Satz- und Steuerzeichen, die **international gleich** sind.

Bald reichten diese Zeichen nicht mehr aus und man erweiterte den ASCII-Code um 1 Bit. Damit sind nun maximal 2^8 = 256 Zeichen darstellbar. Der Code heiß **ANSI-Code** (**A**merican **N**ational **S**tandards **I**nstitute). Dieser erweiterte ASCII-Zeichensatz weicht in den Schriftzeichen voneinander ab, da verschiedene Sprachen **unterschiedliche** Schriftzeichen haben.

8	7	6	5	4	3	2	1	Bit-Nr.	Alt + Dezimalwert (Ziffernblock)
2^7	2^6	2^5	2^4	2^3	2^2	2^1	2^0		
128	64	32	16	8	4	2	1	Wert	
Beispiele für ANSI-Zeichen in der Codetabelle 850									
1	0	0	0	0	0	1	0	130	é
1	0	1	0	1	0	1	1	171	½
1	0	0	1	1	1	0	1	157	Ø
1	0	0	0	1	1	1	0	142	Ä

Werden 8 Bit zu einem Bitmuster zusammengefasst, nennt man das 1 Byte. Mit einem **Byte** können 256 verschiedene Zeichen codiert werden („Byte" = „Zeichen").

Für den Informationsaustausch im Internet wurde 1996 ein 16-Bit-Code mit dem Namen **Unicode** („Einheitsschlüssel") vereinbart. Damit können 65536 Zeichen dargestellt werden. In *Word* kann man über das Menü „Einfügen – Symbol" für wichtige Schriftarten den Unicode abrufen und sogar Gruppen von Symbolen auswählen: Lateinisch, Kyrillisch, Arabisch, Pfeile, …

Zeichen – von Codes und Bytes (2)

Auf der Tastatur sind nicht alle 256 Zeichen vorhanden. Wird ein Zeichen benötigt, das sich nicht auf der Tastatur befindet, so kann es trotzdem auf dem Bildschirm abgebildet und mit dem Drucker ausgedruckt werden.

→ **Variante 1**

 + Eingabe des ANSI-Codes über den Ziffernblock der Tastatur

Beispiele: Alt $\begin{cases} + 0128 \rightarrow € \\ + 0169 \rightarrow © \\ + 0177 \rightarrow ± \end{cases}$

Hinweis: Codetabellen findet man z.B. in integrativen Formelsammlungen des DUDEN PAETEC Schulbuchverlages.

→ **Variante 2**

 + Aktivierung der dritten Tastenbelegung

Beispiele: AltGr $\begin{cases} + e \rightarrow € \\ + a \rightarrow @ \\ + m \rightarrow μ \end{cases}$

→ **Variante 3**

Im Textverarbeitungsprogramm kann über das Menü „Einfügen – Symbol" eine Vielzahl von Sonderzeichen (Schaltzeichen, mathematische Zeichen, Symbole) aufgerufen werden. Dabei muss man die entsprechenden Zeichen durch Zuweisung der Schriftart formatieren.

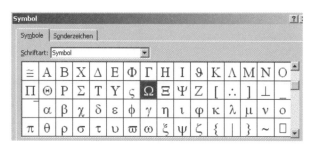 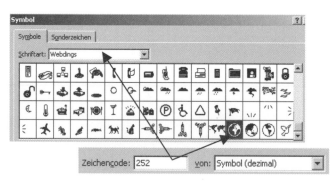

Für Speichermedien (siehe Projektionsfolie 11) muss man wissen, wie viele Zeichen (Bytes) aufgenommen werden können.
Byte ist also auch eine **Einheit für die Speicherkapazität**.

1 Byte besteht aus 8 Bit
1 KByte (Kilobyte, Abkürzung KB)   = 1024 Byte
1 MByte (Megabyte, Abkürzung MB)   = 1024 KByte = 1 048 576 Byte
1 GByte (Gigabyte, Abkürzung GB)   = 1024 MByte = 1 073 741 824 Byte
1 TByte (Terabyte, Abkürzung TB)   = 1024 GByte = 1 099 511 627 776 Byte

Zeichenattribute – von Schriftarten, Schriftgraden und Schriftschnitten (1)

→ **Schriftart**

Dieses Attribut bestimmt das unmittelbare Aussehen der Zeichen.

Auf deinem PC ist eine Vielzahl von Schriften installiert. Ein Schriftsatz besteht im Allgemeinen aus allen Zeichen des Alphabets, jeweils als Groß- und Kleinbuchstaben, sowie aus Ziffern, Interpunktions- und Sonderzeichen. Alle Zeichen einer Schriftart haben das gleiche Design.
Sei bei der Verwendung ausgefallener Schriften vorsichtig, denn es ist möglich, dass auf einem anderen PC diese Schriftart nicht existiert und somit dein Text völlig anders aussieht.

Einteilung Variante 1:

Antiqua	Fraktur	Zier- und Schreibschriften	Sonderschriften
Antiqua-Schriften haben ihren Ursprung im alten Rom, sind bereits 2000 Jahre alt.	Sonderschriften gibt es für andere Schriftsprachen Σχηριφτσπραχην und Sonderaufgaben ⬜⠆ ⠐⠱ ⠱⠤⠾⠂ ⠐⠘ ⠆	Mit Zierschriften und Schreibschriften kann man die Gestaltung von Texten unterstützen.	Fraktur-Schriften werden als gebrochene Schriften bezeichnet, weil die Rundungen eckig gestaltet sind.

Einteilung Variante 2:

Serifen-Schriften haben an den Köpfen und Füßen der einzelnen Buchstaben Serifen (Endstriche) – diese lassen den Text geschlossener erscheinen und sollen den Lesefluss unterstützen.	Wir Times New Roman
Serifenlose Schriften zeichnen sich durch eine einfache, leicht erfassbare Form der einzelnen Buchstaben aus, die kleinen Häkchen fehlen.	Wir Arial

Einteilung Variante 3:

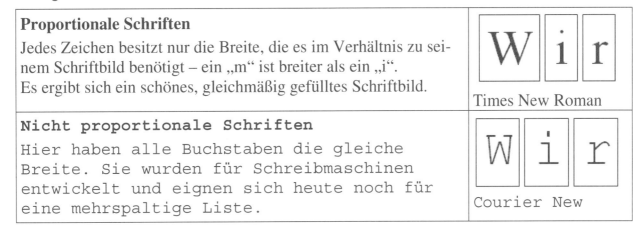

Zeichenattribute – von Schriftarten, Schriftgraden und Schriftschnitten (2)

→ **Schriftgrad**

Dieses Attribut ist ein Maß für die Größe der einzelnen Zeichen einer Schrift.

Während früher jeder Schriftgrad seinen eigenen Namen hatte, wird der Schriftgrad heute einheitlich in typografischen Punkten (**pt**) angegeben. **1 Punkt = 0,3759 mm** (1 mm entspricht ungefähr 3 pt)	8 Punkt 10 Punkt 12 Punkt 16 Punkt 20 Punkt

Früher war man bei der Nutzung einer Schreibmaschine auf den einzigen Schriftgrad angewiesen, mit dem die Schreibmaschinentypen hergestellt waren.
Heute kann man bei der Textverarbeitung verschiedene Schriftgrade frei wählen:

Textverarbeitung	kleinste Schrift	größte Schrift	Schrittweite
Word	1,0 pt	1638,0 pt	0,5 pt
Writer	2,0 pt	999,9 pt	0,1 pt

Gewöhnlichen Fließtext formatiert man etwa mit 10 pt oder 12 pt, das entspricht einer Buchstabengröße von ungefähr 4 mm bzw. 4,5 mm. So sind auch die meisten Textverarbeitungsprogramme voreingestellt.
Bei der Wahl des Schriftgrades ist zu beachten, dass die verschiedenen Schriftarten bei gleichem Schriftgrad `unterschiedliche Buchstabenhöhen` und -weiten haben!

→ **Schriftschnitt**

Dieses Attribut sagt etwas über die Ausformung und Ausrichtung der Zeichen einer Schrift aus.

Standard (Normal) F *K* U	Die vertikalen Linien der Buchstaben stehen senkrecht. Dieser Wert ist bei den Textverarbeitungen voreingestellt.	geeignet für normalen Fließtext
Kursiv (Italic) F *K* U	*Die vertikalen Linien der Buchstaben sind leicht in Schreibrichtung, also nach rechts, geneigt.*	geeignet für „wörtliche Rede"
Fett (Bold) F *K* U	**Die vertikalen Linien stehen senkrecht und die einzelnen Zeichen sind (bei gleicher Größe) mit stärkeren Linien ausgeführt.**	geeignet für Überschriften
<u>Unterstrichen</u> F *K* U	<u>Die Zeichen werden mit einem Unterstrich versehen.</u>	geeignet für wichtige Textpassagen
<u>***Mischform***</u> F *K* U	<u>***Die Attribute lassen sich beliebig mischen.***</u>	geeignet für individuelle Gestaltung

Projektionsfolie 18

Absatzattribute – von Ausrichtungen, Einzügen und Absatzendemarken (1)

Attribut Ausrichtung	Beispiel
Attributwert: linksbündig Linksbündig ist die übliche Ausrichtung für Briefe, Notizen, Berichte, Gedichte, Mitteilungen usw. **Formatierung:** Menü „Format – Absatz – Ausrichtung Links" oder Klick auf Linksbündig [Symbol] in der Symbolleiste oder Tastenkürzel: [Strg] + L	Absätze sind linksbündig ausgerichtet, wenn alle Zeilen mit dem gleichen Abstand vom linken Textrand beginnen. Da die Wörter ungleichmäßig lang sind, ergibt sich auf der rechten Seite ungleichmäßiger Rand, der Flatterrand.
Attributwert: rechtsbündig Da sich rechtsbündige Texte nicht gut lesen lassen, werden in der Regel nur einzeilige Absätze, z.B. die Datumszeile in Briefen, rechtsbündig formatiert. **Formatierung:** Menü „Format – Absatz – Ausrichtung Rechts" oder Klick auf Rechtsbündig [Symbol] in der Symbolleiste oder Tastenkürzel: [Strg] + R	Absätze sind rechtsbündig ausgerichtet, wenn alle Zeilen mit dem gleichen Abstand vom rechten Textrand enden. Da die Wörter ungleichmäßig lang sind, ergibt sich auf der linken Seite ungleichmäßiger Rand, der Flatterrand.
Attributwert: Blocksatz Der Blocksatz ist die übliche Ausrichtung für Texte auf Buchseiten sowie in Zeitschriften und Zeitungen. **Formatierung:** Menü „Format – Absatz – Ausrichtung Block" oder Klick auf Blocksatz [Symbol] in der Symbolleiste oder Tastenkürzel: [Strg] + B	Absätze sind im Blocksatz ausgerichtet, wenn alle Zeilen mit dem gleichen Abstand vom linken Textrand beginnen und mit dem gleichen Abstand vom rechten Textrand enden. Das wird durch die automatisch vergrößerten Abstände zwischen den Wörtern erreicht.
Attributwert: zentriert Diese Ausrichtung eignet sich für kurze Texte, wie Überschriften, lyrische Gedichte, Denksprüche usw. **Formatierung:** Menü „Format – Absatz – Ausrichtung Zentriert" oder Klick auf Zentriert [Symbol] in der Symbolleiste oder Tastenkürzel: [Strg] + E	Absätze sind zentriert ausgerichtet, wenn jede Zeile an der Textmitte ausgerichtet ist. Dabei ergeben sich auf beiden Seiten Flatterränder.

Setze stets die Einfügemarke in den Absatz, den du formatieren möchtest!

Du kannst mehrere Absätze gleichzeitig formatieren, wenn du sie vorher markierst. Dabei müssen der erste und der letzte Absatz nicht vollständig erfasst sein.

Projektionsfolie 19

Absatzattribute – von Ausrichtungen, Einzügen und Absatzendemarken (2)

Attribut Einzug	Beispiel
Attributwert: linker Einzug Alle Zeilen beginnen um den Einzugswert nach rechts verschoben vom linken Textrand. **Formatierung:** Menü „Format – Absatz – Einzug" oder durch Verschieben der Symbole im Zeilenlineal. Um 1,25 cm bei Klick auf das Symbol im Zeilenlineal oder Tastenkürzel: Strg + M	Dieser Musterabsatz hat weder links oder rechts noch in der ersten Zeile Einzüge. Dieser Absatz hat einen linken Einzug von einem halben Zentimeter.
Attributwert: rechter Einzug Alle Zeilen enden, um den Einzugswert verkürzt, vor dem rechten Textrand. **Formatierung:** Menü „Format – Absatz – Einzug" oder durch Verschieben der Symbole im Zeilenlineal.	Diese Absätze haben rechte Einzüge von einem halben Zentimeter. Diese Absätze haben rechte Einzüge von einem halben Zentimeter.
Attributwert: Erstzeileneinzug Die erste Zeile beginnt um den Einzugswert nach rechts verschoben vom linken Textrand. Die übrigen Zeilen beginnen am linken Textrand. **Formatierung:** Menü „Format – Absatz – Einzug Extra" oder durch Verschieben der Symbole im Zeilenlineal.	Diese Absätze haben Erstzeileneinzüge von einem halben Zentimeter. Diese Absätze haben Erstzeileneinzüge von einem halben Zentimeter.
Attributwert: hängender Einzug Die erste Zeile beginnt am linken Textrand, die übrigen Zeilen werden um den Einzugswert nach rechts verschoben. **Formatierung:** Menü „Format – Absatz – Einzug Extra" oder durch Verschieben der Symbole im Zeilenlineal.	1. Diese Absätze haben hängende Einzüge von einem halben Zentimeter. 2. Diese Absätze haben hängende Einzüge von einem halben Zentimeter.

Absatzendemarken

Wenn du einen Absatz beenden willst,
setzt du mit der **Eingabetaste** eine **Absatzendemarke** ¶.
In der Absatzendemarke sind nun alle Attribute des Absatzes mit ihren jeweiligen Attributwerten gespeichert:

- Ausrichtung
- Einzüge
- Tabulatoren
- Zeilenabstand
- Abstände vor und nach dem Absatz
- Nummerierungs- und Aufzählungszeichen

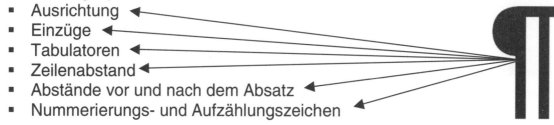

Absatzattribute – von Tabstopps und Tabulatoren (1)

Du könntest eine mehrspaltige Liste schreiben, indem du den Text in den einzelnen Zeilen mit Leerzeichen ausrichtest. Das würde etwa so aussehen:

```
Vorname··············Nachname··············Geburtstag··············Telefonnummer
Hanna················Müller················9.1.95·················6555234
Doris·················Schmidt···············12.4.96················3466618
Wilhelm···············Krause················24.11.95···············6655216
```

Das ist mühsam und das Ergebnis hat nur so lange Bestand, bis man die Schriftart oder den Schriftgrad ändert.

- Vorteilhafter ist es, den Text in den einzelnen Zeilen mithilfe von Tabulatoren zu positionieren.
Ein Tipp auf die Tabulatortaste erzeugt einen **Tabulator** → und der schiebt die Einfügemarke bis zum nächsten **Tabstopp**.

Die Positionen der Tabstopps erkennst du an den kleinen grauen Strichen im unteren Rand des Zeilenlineals. Da sie alle den gleichen Abstand, 1,25 cm, haben, bezeichnet man sie auch als Standard-Tabstopps.

Vorname	→	→	Nachname	→	→	Geburtstag	→	→	Telefonnummer
Hanna	→	→	Müller	→	→	9.1.95	→	→	6555234
Doris	→	→	Schmidt	→	→	12.4.96	→	→	3466618
Wilhelm	→	→	Krause	→	→	24.11.95	→	→	6655216

Du kannst aber auch selbst Tabstopps in das Zeilenlineal setzen.

- Dazu klickst du mit der Maus auf das Symbol am linken Bildrand neben dem Zeilenlineal, bis es ein L zeigt.

Anschließend klickst du mit der Maus an die Positionen, an denen die Tabstopps stehen sollen. Dabei wirst du feststellen, dass die Standard-Tabstopps vor deinen eigenen Tabstopps unwirksam werden.

Da Tabstopps Absatzattribute sind, musst du darauf achten, dass sich die Einfügemarke stets in dem Absatz befindet, für den die Tabstopps gelten sollen.

Vorname	→	Nachname	→	Geburtstag	→	Telefonnummer
Hanna	→	Müller	→	9.1.95	→	6555234
Doris	→	Schmidt	→	12.4.96	→	3466618
Wilhelm	→	Krause	→	24.11.95	→	6655216

Wo im ersten Beispiel etwa 200 Leerzeichen erforderlich waren, genügen nun 12 Tabulatoren, die den Text an 3 Tabstopps ausrichten.

Absatzattribute – von Tabstopps und Tabulatoren (2)

Tabstopp links Der Text nach dem Tabulator wird linksbündig unter dem Tabstopp angeordnet.	⌞	**Vorname** → **Nachname** Hanna → Müller Doris → Schmidt Wilhelm → Krause
Tabstopp zentriert Der Text nach dem Tabulator wird zentriert unter dem Tabstopp angeordnet.	⊥	**Vorname** → **Nachname** Hanna → Müller Doris → Schmidt Wilhelm → Krause
Tabstopp rechts Der Text nach dem Tabulator wird rechtsbündig unter dem Tabstopp angeordnet.	⌟	**Nachname** →**Geburtstag** Müller → 9.1.95 Schmidt → 12.4.96 Krause → 24.11.95
Tabstopp dezimal Eine Dezimalzahl nach dem Tabulator wird so unter dem Tabstopp angeordnet, dass das Dezimalzeichen (Komma) unter dem Tabstopp steht. Text und Zahlen ohne Dezimalzeichen werden rechtsbündig angeordnet.	⊥.	**Nachname** → **Größe** Müller → 1,67 m Schmidt → 1,8 m Krause → 1,722 m Lehmann → 2 m
Über das Menü „Format – Tabulator..." öffnet sich ein Dialogfenster, in dem du die gewünschten Tabstopp-Positionen ganz exakt eintragen kannst. Hier kannst du den Tabstopps auch verschiedene **Füllzeichen** zuordnen, wie in dem nachfolgenden Beispiel eines Inhaltsverzeichnisses.		*(Dialogfenster „Tabstops")*
Tabstopp mit Füllzeichen Füllzeichen können die Orientierung in einer Liste erleichtern.		**Inhalt** → **Seite** Einleitung..........→..........3 Hauptteil ....→..........11 Nachwort ....→..........122

Tabstopps kannst du mit der Maus **verschieben** und durch Nach-unten-aus-dem-Lineal-Herausziehen **löschen**.

Dokument und Seiten (1)

Seitenformatierungen beziehen sich auf das gesamte Dokument oder ausgewählte Dokumentteile.

Der Seitenwechsel erfolgt automatisch zur nächsten, wenn die Seite voll ist.
Willst du einen Seitenwechsel erzwingen, dann halte die [Strg]-Taste gedrückt und betätige [↵].

Wenn du ein Textverarbeitungsprogramm startest, wird meist ein leeres Dokument geöffnet. In diesem Dokument sind die Attribute bereits mit vorgegebenen Werten belegt (Standardeinstellungen).
Du kannst die eingestellten Attributwerte selbst ändern.

→ **Ausgewählte Attributwerte des Dokuments**

Attribut	Attributwerte	Festlegung
Seitengröße (Papierformat, das beim Drucken verwendet wird)	– DIN A4 (210 mm x 297 mm) – DIN A5 (148 mm x 210 mm)	Word: Menü „Datei – Seite einrichten" Writer: Menü „Format – Seiteneinstellungen"
Ausrichtung (des Blattes)	– Hochformat – Querformat	
Seitenränder oben, unten, links, rechts (zur Festlegung, wo der Text auf den einzelnen Seiten beginnen soll)	Ränder Oben: 2,6 cm Links: 2,75 cm	
Spaltenanzahl (zur Aufteilung des Textes in Spalten)	Zwei Drei	Menü „Format – Spalten"
Kopf- und Fußzeilen (für feste Texte auf jeder Seite, z.B. Firmenlogo, Autor, aktuelles Datum, Bankverbindung)	Position: Seitenende (Fußzeile) Ausrichtung: Zentriert	Word: Menü „Ansicht – Kopf- und Fußzeile" Writer: Menü „Format – Seiteneinstellungen"
Seitennummerierung	– unten, zentriert	Word: Menü „Einfügen – Seitenzahlen" Seitenzahl einfügen Writer: Menü „Einfügen – Feldbefehl – Seitenanzahl"

Dokument und Seiten (2)

Seiteneinstellung in Writer

Seiteneinstellung in Word

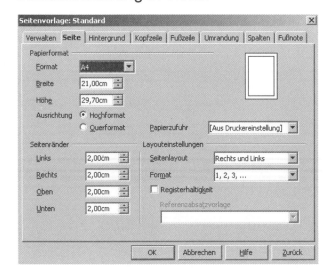
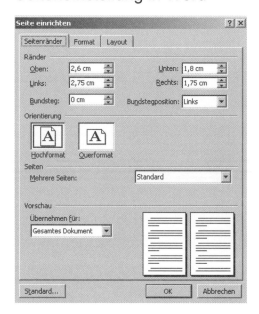

→ Einteilung eines Textes in Spalten

Für die übersichtliche Gestaltung eines Textes oder markierten Textabschnittes kannst du ihn in Spalten einteilen, wie du es aus der Zeitung kennst.
Nutze dafür das Menü „Format – Spalten" oder das Symbol .

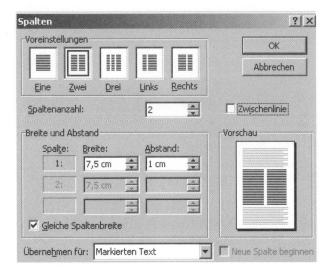

Möchtest du nur einen ausgewählten Abschnitt in Spalten darstellen, dann musst du diesen Textabschnitt zunächst markieren und über das Menü „Format – Spalten" die gewünschten Einstellungen vornehmen.

Du kannst die Spaltenanzahl, die Spaltenbreite, den Abstand zwischen den Spalten und eine mögliche Zwischenlinie zwischen den Spalten festlegen.

Trennhilfe, Rechtschreibprogramm und Thesaurus

Jedes Textverarbeitungsprogramm bietet dir verschiedene Möglichkeiten an, den Text ästhetisch zu verbessern und auf korrekte Schreibweise zu testen.

→ **Trennhilfe/Silbentrennung** – zur Verbesserung des Schriftbildes

Die Aktivierung erfolgt automatisch am Ende der Zeile nach den gültigen Trennungsregeln oder über das Menü „Extras – Sprache – Silbentrennung...".

Du kannst vielfältige Einstellungen vornehmen, um „unsinniges" Trennen zu vermeiden (z.B. O-ma), oder auch manuell trennen.

→ **Rechtschreibprogramm** – zum Vergleich der Wörter in einem Dokument mit denen im integrierten elektronischen Wörterbuch

Die Aktivierung erfolgt über das Menü „Extras – Rechtschreibung und Grammatik..." oder F7 oder .
Alle Wörter, die nicht auffindbar sind, werden in einem Dialogfenster markiert.

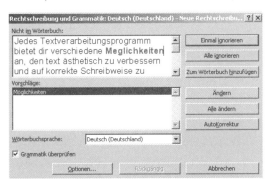 

rot – Rechtschreibfehler   grün – Grammatikfehler

Die Korrekturvorschläge können angenommen oder ignoriert werden. Wörter, die nicht im Wörterbuch enthalten sind, können aufgenommen werden.
Sinnstörende Fehler werden nicht erkannt, z.B. „schwimmende En_d_e".

Möchtest du bereits während der Texteingabe auf Fehler aufmerksam gemacht werden (rote oder grüne Wellenlinien), dann aktiviere die automatische Fehleranzeige über das Menü „Extras – Optionen – Rechtschreibung und Grammatik".

→ **Thesaurus** – zur Erkennung unerwünschter Wortwiederholungen

Die Aktivierung erfolgt über das Menü „Extras – Sprache – Thesaurus..." oder Shift + F7 (Word) / Strg + F7 (Writer)

Es werden ähnliche Worte und Begriffe (Synonyme) zum Ersetzen angeboten.

Formatvorlagen – eine große Hilfe

Die Zuweisung von Attributwerten (Formatierung) für bestimmte Objekte erfolgt meist einzeln über Dialogfelder oder Schalter.
Für umfangreiche Textdokumente ist eine Vielzahl von Einstellungen notwendig.

Unter einem Namen gespeicherte Formatierungen für Objekte heißen **Formatvorlagen (Druckformate).**
Besonders gern werden Formatvorlagen für Absätze genutzt. Ihre Zuweisung erfolgt daher auch einfach über die Formatierungsleiste.

Wenn die Attributwerte einer Formatvorlage geändert werden, dann ändern sich automatisch die entsprechenden Formatierungen für alle auf dieser Formatvorlage basierenden Objekte im Dokument.

Formatvorlagen helfen dir, Zeit zu sparen, sorgen für ein einheitliches Layout und erleichtern die Layoutänderungen in einem Dokument.

Formatvorlagen werden mit dem Dokument gespeichert.

→ **Arten von Formatvorlagen**

Art und Symbol	Kennzeichen	Anwendung
Zeichenformatvorlagen a	Attributwerte von Zeichenformaten werden gespeichert (z.B. Schriftart Arial, Schriftgrad 13, Schriftstil Standard).	Anwendung auf einzelne Zeichen und Wörter (z.B. Firmenschriftzug)
Absatzformatvorlagen ¶	Attributwerte von Absätzen werden gespeichert (z.B. Textausrichtung links, Zeilenabstand einzeilig, Absatzabstand vor 3 pt und nach 3 pt), Einzug rechts 3 cm, Tabstopp dezimal bei 13,5 cm). In Absatzformatvorlagen können Zeichenformatvorlagen enthalten sein.	Anwendung auf Absätze und die darin enthaltenen Zeichen (z.B. Überschriften, Fließtext)
Tabellenformatvorlagen ⊞	Attributwerte von Tabellen werden gespeichert (z.B. Rahmen-Linienbreite 1 pt, Zeilenhöhe automatisch, Spaltenbreite 4 cm, Schattierung grau 20 %).	Anwendung auf eine ganze Tabelle
Listenformatvorlagen ≔	Attributwerte für Listen werden gespeichert (z.B. Aufzählungszeichen Punkt, Einzug hängend um 0,5 cm).	Anwendung auf die Absätze einer Liste und die darin enthaltene Nummerierung oder Aufzählung

Formatvorlagen in Word

→ Zuweisung von Formatvorlagen
Setze den Cursor in den Absatz oder in das Wort, dem eine Formatvorlage zugewiesen werden soll, und wähle das Menü „Format – Formatvorlagen".

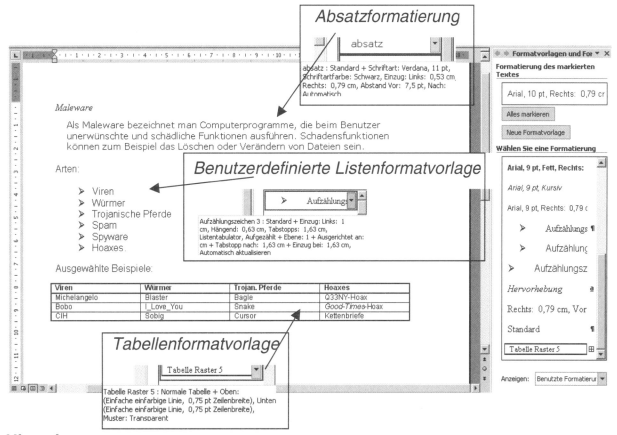

→ Hinweise
1. Zeichenformatvorlagen werden behandelt wie Absatzvorlagen.
2. Vorbereitete Listenformatvorlagen können im Menü „Format – Nummerierungs- und Aufzählungszeichen" genutzt werden.
3. Vorbereitete Tabellenformatvorlagen können im Menü „Tabelle – AutoFormat" genutzt werden.

→ Erstellen/Bearbeiten von Absatzformatvorlagen
1. Gestalte einen Musterabsatz mit den gewünschten Attributen für Absatz und Zeichen.
2. Markiere den Musterabsatz.
3. Menü „Format – Formatvorlage – Neue Formatvorlage"
4. Tippe einen neuen Namen in das Listenfeld für Formatvorlagen ein + ⏎.

→ Ändern der Absatzformatvorlage „Standard"
Die Formatvorlage „Standard" bestimmt das Aussehen eines Dokuments, das über das Symbol ▯ erzeugt wurde.
Wenn zukünftig die Änderungen für alle Dokumente gelten sollen, die mit „Standard" verbunden oder erstellt werden, muss das Kontrollfeld ① aktiviert werden.

Formatvorlagen in Writer

→ Zuweisung von Formatvorlagen

Setze den Cursor in den Absatz oder in das Wort, dem eine Formatvorlage zugewiesen werden soll, und wähle die Art der Formatierung über das Menü „Format – Formatvorlagen".

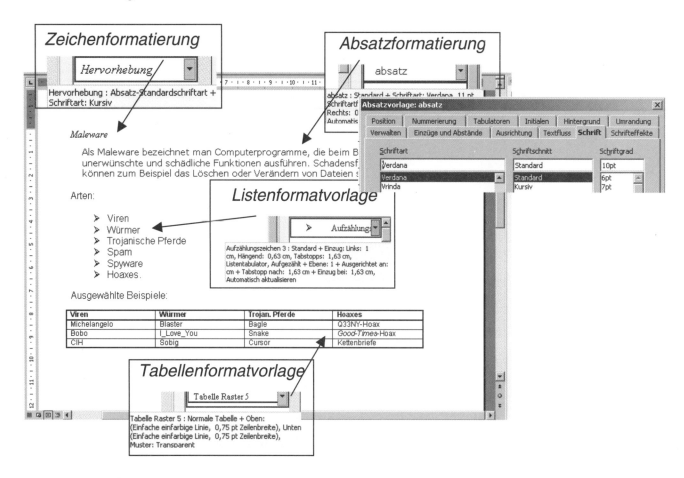

→ Erstellen/Bearbeiten von Formatvorlagen

- ¶ Absatzvorlage
- A Zeichenvorlage
- Rahmenvorlage
- Seitenvorlage
- Listenvorlage
- Neue Vorlage aus Selektion

1. Gestalte einen Musterabsatz mit den gewünschten Attributen für Absatz und Zeichen.
2. Markiere den Musterabsatz.
3. Wähle im Menü „Format – Formatvorlagen" eine geeignete vorhandene Formatvorlage und ändere diese um oder
   wähle das Symbol 🗋 für „Neue Vorlage aus Selektion".
4. Tippe einen neuen Namen in das Listenfeld für Formatvorlagen ein + ⏎.

Projektionsfolie 27

Dokumentvorlagen

Die Dokumenteneinstellungen integrieren Voreinstellungen für Zeichen-, Absatz- und Seitenformatierung. Sie dienen der effektiven Erstellung und Bearbeitung von speziellen Dokumenten, deren Layout sich wiederholt, z.B. Mustervorlagen von Speisekarten oder Einladungen.

Individuelle Dokumentvorlagen werden mit der Dateinamenserweiterung **.dot** (Word) oder **.ott** (Writer) im Ordner „Vorlagen" gespeichert und sind dort auch wieder abrufbar.

→ **Möglichkeiten der Erstellung von Dokumentvorlagen**

Dokumentvorlage mithilfe einer vorhandenen Dokumentvorlage erzeugen	Word: Du öffnest ein neues Dokument über das Menü „Datei – Neu" und wählst innerhalb der Vorlagen „Allgemein" ein „Leeres Dokument" aus. Oder du wählst eine bereits vorhandene Vorlage aus. Writer: Du öffnest eine vorhandene Vorlage über das Menü „Datei – Neu – Vorlagen und Dokumente". 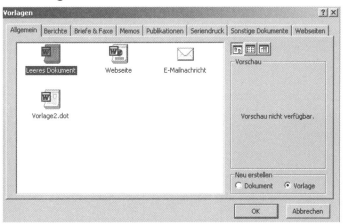 Die Attributwerte für Zeichen, Absätze und Seite werden nacheinander festgelegt und anschließend mit der Endung .dot (Word) bzw. .ott (Writer) gespeichert.
Dokumentvorlage mithilfe eines fertigen Dokuments erzeugen	Du öffnest ein bereits vorhandenes Dokument, das eine gewünschte Formatierung enthält. Die vorhandenen Formatvorlagen werden gespeichert über das Menü „Datei – Speichern unter – Dateityp .dot oder .ott". 

Tabellen (1)

Tabellen erleichtern die Eingabe von Daten in Spalten und helfen bei der übersichtlichen Anordnung von Text und Bildern in einem Dokument.

Dein Textverarbeitungsprogramm bietet dir vielfältige Möglichkeiten, Tabellen zu erstellen und zu verändern.

→ **Aufbau einer Tabelle**

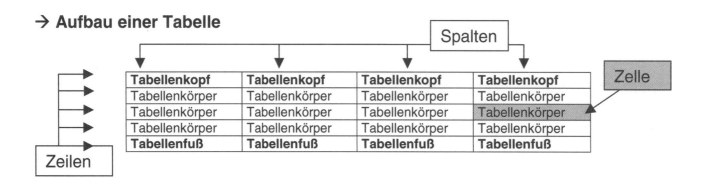

→ **Erstellen einer (leeren) Tabelle**

Du solltest vor dem Einfügen einer Tabelle Überlegungen zur Grundform anstellen, d.h. die Anzahl der erforderlichen Zeilen und Spalten so genau wie möglich festlegen!

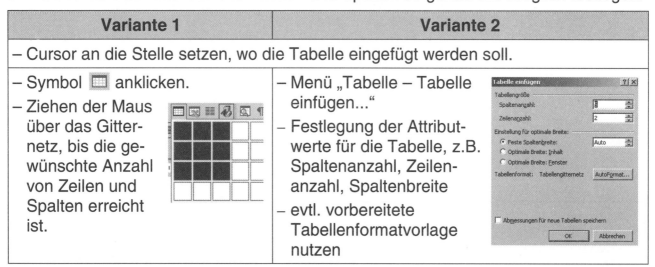

Variante 1	Variante 2
– Cursor an die Stelle setzen, wo die Tabelle eingefügt werden soll.	
– Symbol anklicken. – Ziehen der Maus über das Gitternetz, bis die gewünschte Anzahl von Zeilen und Spalten erreicht ist.	– Menü „Tabelle – Tabelle einfügen..." – Festlegung der Attributwerte für die Tabelle, z.B. Spaltenanzahl, Zeilenanzahl, Spaltenbreite – evtl. vorbereitete Tabellenformatvorlage nutzen

→ **Formatieren von Tabellen (Teil 1)**

1. Nutzung vorhandener Formatvorlagen für Tabellen über das Menü „Tabelle – AutoFormat..."

2. „Zusammengefasste" Gestaltung des Inhalts einer Tabelle über das Menü „Tabelle –Tabelle/Zeile/Spalte/Zelle markieren" → Festlegung der Attributwerte (z.B. für die Textgestaltung)

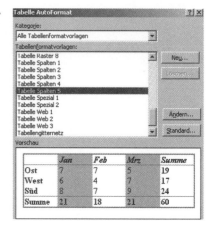

Tabellen (2)

→ **Formatieren von Tabellen (Teil 2)**

3. Symbolleiste „Tabellen und Rahmen" (Word) bzw. „Tabelle" (Writer) über das Menü „Ansicht – Symbolleisten"

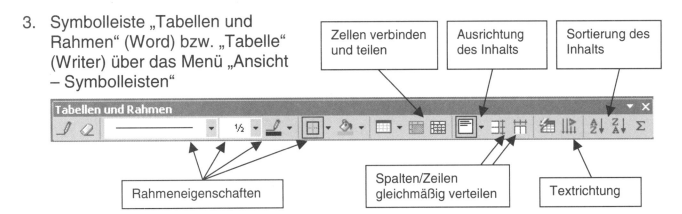

4. Menü „Tabelle – Tabelleneigenschaften – Rahmen (Word) / Umrandung (Writer)" zur Festlegung einer Vielzahl von Attributwerten für den Tabellenrahmen und die farbliche Gestaltung, z.B. Rahmenbreite, Rahmenart, Schattierung, Füllmuster, Farbe

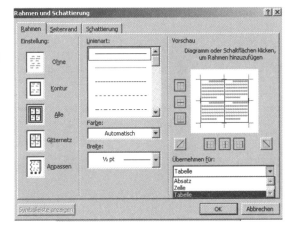

5. Menü „Tabelle – Tabelleneigenschaften" zur Festlegung von Attributwerten für die gesamte Tabelle, Zeile, Spalte oder Zelle, z.B. Größe oder Ausrichtung

→ **Bearbeiten von Tabellen**

1. Zellen, Zeilen oder Spalten einfügen:
Cursor in einer Zeile/Spalte platzieren → Menü „Tabelle – Einfügen Zeilen oberhalb / Zeilen unterhalb / Spalten nach rechts / Spalten nach links"

2. Zellen, Zeilen oder Spalten löschen:
Zeile/Spalte markieren, die gelöscht werden soll → Menü „Tabelle – Löschen – Zeile/Spalte/Zelle"

3. Zellen verbinden:
Zellen markieren, die verbunden werden sollen → Menü „Tabelle – Zellen verbinden"

Grafikobjekte in Textdokumenten (1)

Du hast die Möglichkeit, verschiedene Grafikobjekte in deine Dokumente einzufügen, um das Layout optisch ansprechend zu gestalten.

→ **Einfügen von Grafikobjekten**

Grafikobjekt	WORD	WRITER
Bild aus Datei	Menü „Einfügen – Grafik – Aus Datei"	Menü „Einfügen – Bild – Aus Datei"
	Grafikdateien haben oft folgende Dateinamenserweiterungen: .jpg, .bmp, .png, .tif, .gif	
ClipArt	Menü „Einfügen – Grafik – ClipArt". Eingabe von Schlüsselwörtern, z.B. PC, erleichtert die Arbeit.	Eine ClipArt-Sammlung ist nicht vorhanden, dafür über das Menü „Extras – Gallery" eine Sammlung von Bullets und Begrenzungen.
AutoFormen	Menü „Einfügen – Grafik – AutoFormen"	Aktivierung der Symbolleiste „Zeichnen" über „Ansicht – Symbolleisten" oder .
Linien, Pfeile	Aktivierung der Symbolleiste „Zeichnen" über „Ansicht – Symbolleisten"	Aktivierung der Symbolleiste „Zeichnen" über „Ansicht – Symbolleisten" oder . Dann über das Menü „Format" zur Gestaltung.
WordArt/FontWork	Menü „Einfügen – Grafik – WordArt"	Aktivierung der Symbolleiste „Zeichnen" über „Ansicht – Symbolleisten" oder .

Symbolleisten „Zeichnen" und „Zeichnungsobjekt Eigenschaften" in Writer:

Symbolleisten „Zeichnen" und „Grafik" in Word:

Grafikobjekte in Textdokumenten (2)

→ Bearbeiten von Grafikobjekten

Alle Grafikobjekte lassen sich hinsichtlich verschiedener Attributwerte bearbeiten. Die eingeblendeten Symbolleisten „Zeichnen" (Writer und Word), „Zeichenobjekt Eigenschaften" (Writer) oder „Grafik" (Word) erleichtern die Arbeit.

Du kannst zur Bearbeitung des Objekts auch mit der rechten Maustaste auf das Objekt klicken und dann die vielfältigen vorgegebenen Möglichkeiten zur Formatierung nutzen.

→ Größe → Drehen → Kontrast
→ Helligkeit → Rahmen → Farben und Linien

→ Löschen (Anklicken der Grafik + Entf)

→ Grafikobjekte positionieren

Grafikobjekte werden standardmäßig an der Cursorposition eingefügt. Meist entspricht die Position aber noch nicht den gewünschten Vorstellungen.

Du kannst den Textfluss und die Position des Objekts selbst bestimmen. Nach erfolgter Festlegung lässt sich das Grafikobjekt im Dokument dann frei verschieben.

Word:

Grafik markieren
Menü „Format – Grafik – Layout"

Writer:

Grafik markieren
Menü „Format – Grafik – Umlauf"

Textfluss Passend ①	Hinter den Text ②	Rechteck ③
Entwicklungen der Informationstechnik haben in den letzten Jahrzehnten viele Lebensbereiche verändert, so neben der Wirtschaft auch die Wissenschaften.	Entwicklungen der Informationstechnik haben in den letzten Jahrzehnten viele Lebensbereiche verändert, so neben der Wirtschaft auch die Wissenschaften.	Entwicklungen der Informationstechnik haben in den letzten Jahrzehnten viele Lebensbereiche verändert, so neben der Wirtschaft auch die Wissenschaften.

Ein Textdokument entsteht

Du hast eine Vielzahl von Möglichkeiten kennengelernt, Daten in ein Textdokument einzugeben, diese zu bearbeiten und auf einen Datenträger abzulegen.
Ein Textdokument enthält Absätze und diese wiederum enthalten Zeichen – jedes Objekt besitzt Attribute, denen konkrete Attributwerte zugeordnet werden.

→ **Schritte beim Erstellen von Textdokumenten**

Schritte	Hinweise
1. Layout festlegen	• Festlegung des Papierformats, der Ränder und der Spaltenanzahl sowie deren Breite • Nutzung von Formatvorlagen • Überlegungen zu Schriftarten, Tabellen und Grafikobjekten
2. Text in das Dokument einfügen oder aus anderen Dokumenten kopieren	• WAS soll geschrieben werden?
3. Text prüfen und korrigieren	• Rechtschreibprogramm aktivieren • Trennhilfe nutzen • Thesaurus nutzen
4. Text formatieren	• Zeichengestaltung (Schriftart, Schriftschnitt, Schriftgröße, Schriftfarbe) • Absatzgestaltung (Ausrichtung, Einzüge, Abstände, Tabstopps) • Tabellen formatieren • Grafikobjekte einbinden
5. Dokument speichern	• Auswahl des Speichermediums und des Speicherordners
6. Dokument drucken	• Seitenansicht nutzen • Drucker auswählen und Druckeigenschaften einstellen

Tipp:
Es ist empfehlenswert das **Textdokument auch zwischendurch** zu **speichern**!

| Name: | Klasse: | Arbeitsblatt 1 |

Windows: Arbeiten wie am Schreibtisch

1. Öffne ein Programm, das auf dem Desktop durch ein Icon repräsentiert wird!
   Gib zwei Möglichkeiten an!

2. Öffne ein Programm, das **kein** Icon auf dem Desktop hat! – Beschreibe, wie du vorgehst!

3. Richte die Fenster der geöffneten Programme so auf dem Desktop aus, dass jedes Fenster zwei Drittel bis drei Viertel des Desktops einnimmt, aber die Titelleisten der drei Programme gleichzeitig sichtbar sind! Welche Aktionen sind erforderlich?

4. Maximiere die Fenster der drei geöffneten Programme!
   Woran kann man jetzt erkennen, welche Programme geöffnet sind?
   Wie kann man jetzt zwischen den Programmen wechseln?

5. Schließe alle geöffneten Programme!
   Gib zwei Möglichkeiten für die Lösung dieser Aufgabe an!

6. Öffne den Papierkorb und hole dir eine der dort befindlichen Dateien auf den Desktop!
   Wie gehst du vor?

7. Wie könnte man diese Datei öffnen? – Gib zwei Möglichkeiten an!

8. Schließe die geöffnete Anwendung und wirf die untersuchte Datei wieder in den Papierkorb!
   Gib zwei Möglichkeiten an!

9. Was ist passiert, wenn du mit der Taste **Z** plötzlich nur ein **Y** schreiben kannst?
   Wie kann man diese Einstellung wieder rückgängig machen?

1 Lösung

Windows: Arbeiten wie am Schreibtisch

1. Öffne ein Programm, das auf dem Desktop durch ein Icon repräsentiert wird!
Gib zwei Möglichkeiten an!

Auf das Icon des Programms mit der linken Maustaste doppelt klicken.

*Auf das Icon des Programms mit der rechten Maustaste klicken und den Befehl **Öffnen** wählen.*

2. Öffne ein Programm, das **kein** Icon auf dem Desktop hat! – Beschreibe, wie du vorgehst!

*Auf die Schaltfläche „Start" klicken. Auf **Alle Programme** zeigen, im erscheinenden Menü auf den*

*gewünschten **Programmordner** zeigen und auf das **Programmsymbol** klicken.*

3. Richte die Fenster der geöffneten Programme so auf dem Desktop aus, dass jedes Fenster zwei Drittel bis drei Viertel des Desktops einnimmt, aber die Titelleisten der drei Programme gleichzeitig sichtbar sind! Welche Aktionen sind erforderlich?

Größe der Fenster durch Ziehen mit der Maus an den Fensterrändern einstellen.

Fenster mit der Maus an der Titelleiste anfassen und durch Verschieben positionieren.

4. Maximiere die Fenster der drei geöffneten Programme!
Woran kann man jetzt erkennen, welche Programme geöffnet sind?
Wie kann man jetzt zwischen den Programmen wechseln?

Die geöffneten Programme werden in der Taskleiste durch Schaltflächen angezeigt.

Man klickt mit der Maus auf die Schaltfläche des gewünschten Programms in der Taskleiste.

5. Schließe alle geöffneten Programme!
Gib zwei Möglichkeiten für die Lösung dieser Aufgabe an!

*Mausklick auf das **Schließen-Symbol** rechts oben am Fensterrand des Programms.*

*Im Menü Datei auf den Befehl **Beenden** bzw. **Schließen** klicken.*

6. Öffne den Papierkorb und hole dir eine der dort befindlichen Dateien auf den Desktop!
Wie gehst du vor?

*Doppelklick auf das **Papierkorb-Symbol**, eine Datei auswählen und mit gedrückter linker Maustaste*

auf den Desktop ziehen.

7. Wie könnte man diese Datei öffnen? – Gib zwei Möglichkeiten an!

Doppelklick auf das Datei-Symbol

*Mit der rechten Maustaste auf das Datei-Symbol klicken und den Befehl **Öffnen** wählen.*

8. Schließe die geöffnete Anwendung und wirf die untersuchte Datei wieder in den Papierkorb!
Gib zwei Möglichkeiten an!

Das Datei-Symbol mit der Maus auf das Papierkorb-Symbol schieben.

*Mit der rechten Maustaste auf das Datei-Symbol klicken und den Befehl **Löschen** wählen.*

9. Was ist passiert, wenn du mit der Taste **Z** plötzlich nur noch ein **Y** schreiben kannst?
Wie kann man diese Einstellung wieder rückgängig machen?

Die Tastatur ist auf das Eingabegebietsschema Englisch (USA) eingestellt.

*Mausklick auf **EN** in der Taskleiste und **DE** anklicken.*

Name:	Klasse:	Arbeitsblatt 2

Texte eingeben und korrigieren (1)

1. Folgender Text wurde am PC geschrieben und soll dir als Vergleichsmuster dienen.

> Unsere Erde
>
> Die Erde ist nach Merkur und Venus der dritte Planet von der Sonne aus betrachtet.
> Der Abstand Erde–Sonne beträgt ca. 150.000.000 km.
> Man bezeichnet die Erde als blauen Planeten, denn Ozeane bedecken eine sehr große Fläche.
> Die Erde ist etwa 4,6 Milliarden Jahre alt. Der Durchmesser (Ø) am Äquator beträgt 12756 km, für den Durchmesser vom Nordpol zum Südpol gilt: Ø = 12714 km.
>
> Das astronomische Symbol ist ein stilisierter Reichsapfel.
>
> Die Erde ist aus drei Schalen aufgebaut – dem Erdkern, dem Erdmantel und der Erdkruste.
> Aufgrund der Neigung der Erde von 23,44° werden die Nord- und Südhalbkugel unterschiedlich von der Sonne beleuchtet, was dann zu den Jahreszeiten führt.

Notiere aus dem Text

a) 3 verschiedene Buchstaben: _____ b) 3 verschiedene Ziffern: _____

c) 3 verschiedene Satzzeichen: _____ d) 3 verschiedene Sonderzeichen: _____

2. Man erkennt im Vorgabetext verschiedene Formatierungszeichen.

> Unsere·Erde¶
> ¶
> Die·Erde·ist·nach·Merkur·und·Venus·der·dritte·Planet·von·der·Sonne·aus·betrachtet.↵
> Der·Abstand·Erde–Sonne·beträgt·ca.·150.000.000·km.↵
> Man·bezeichnet·die·Erde·als·blauen·Planeten,·denn·Ozeane·bedecken·eine·sehr·große·Fläche.↵
> Die·Erde·ist·etwa·4,6·Milliarden·Jahre·alt.·Der·Durchmesser·(Ø)·am·Äquator·beträgt·12756·km,·für·den·
> Durchmesser·vom·Nordpol·zum·Südpol·gilt:·Ø·=·12714·km.¶
> ¶
> Das·astronomische·Symbol·ist·ein·stilisierter·Reichsapfel.¶
> ¶
> Die·Erde·ist·aus·drei·Schalen·aufgebaut·–·dem·Erdkern,·dem·Erdmantel·und·der·Erdkruste.¶
> Aufgrund·der·Neigung·der·Erde·von·23,44°·werden·die·Nord-·und·Südhalbkugel·unterschiedlich·von·
> der·Sonne·beleuchtet,·was·dann·zu·den·Jahreszeiten·führt.·¶

a) Warum ist das Einblenden der Formatierungszeichen hilfreich?

_____

_____

b) Benenne die drei Formatierungszeichen sowie die Taste oder Tastenkombination, mit der sie erzeugt werden!

_____

c) Wie viele Absätze zählst du im Vergleichstext?

3. Schreibe den in Aufgabe 1 vorgegebenen Text mit deinem Textverarbeitungsprogramm! Sonderzeichen wie Ø und ° erhältst du in Textverarbeitungsprogrammen oft mit einem Menü wie „Einfügen – Symbol…" oder „Einfügen – Sonderzeichen…".
Speichere das Dokument unter dem Namen Erde.doc! Dein Lehrer hilft dir beim Speichern.

2 Lösung

Texte eingeben und korrigieren (1)

1. Folgender Text wurde am PC geschrieben und soll dir als Vergleichsmuster dienen.

> Unsere Erde
>
> Die Erde ist nach Merkur und Venus der dritte Planet von der Sonne aus betrachtet.
> Der Abstand Erde–Sonne beträgt ca. 150.000.000 km.
> Man bezeichnet die Erde als blauen Planeten, denn Ozeane bedecken eine sehr große Fläche.
> Die Erde ist etwa 4,6 Milliarden Jahre alt. Der Durchmesser (Ø) am Äquator beträgt 12756 km, für den Durchmesser vom Nordpol zum Südpol gilt: Ø = 12714 km.
>
> Das astronomische Symbol ist ein stilisierter Reichsapfel.
>
> Die Erde ist aus drei Schalen aufgebaut – dem Erdkern, dem Erdmantel und der Erdkruste.
> Aufgrund der Neigung der Erde von 23,44° werden die Nord- und Südhalbkugel unterschiedlich von der Sonne beleuchtet, was dann zu den Jahreszeiten führt.

Notiere aus dem Text

a) 3 verschiedene Buchstaben: _D ü d_   b) 3 verschiedene Ziffern: _1 7 0_

c) 3 verschiedene Satzzeichen: _. , :_   d) 3 verschiedene Sonderzeichen: _Ø ° =_

2. Man erkennt im Vorgabetext verschiedene Formatierungszeichen.

> Unsere·Erde¶
> ¶
> Die·Erde·ist·nach·Merkur·und·Venus·der·dritte·Planet·von·der·Sonne·aus·betrachtet.↵
> Der·Abstand·Erde–Sonne·beträgt·ca.·150.000.000·km.↵
> Man·bezeichnet·die·Erde·als·blauen·Planeten,·denn·Ozeane·bedecken·eine·sehr·große·Fläche.↵
> Die·Erde·ist·etwa·4,6·Milliarden·Jahre·alt.·Der·Durchmesser·(Ø)·am·Äquator·beträgt·12756·km,·für·den·Durchmesser·vom·Nordpol·zum·Südpol·gilt:·Ø·=·12714·km.¶
> ¶
> Das·astronomische·Symbol·ist·ein·stilisierter·Reichsapfel.¶
> ¶
> Die·Erde·ist·aus·drei·Schalen·aufgebaut·–·dem·Erdkern,·dem·Erdmantel·und·der·Erdkruste.¶
> Aufgrund·der·Neigung·der·Erde·von·23,44°·werden·die·Nord-·und·Südhalbkugel·unterschiedlich·von·der·Sonne·beleuchtet,·was·dann·zu·den·Jahreszeiten·führt.·¶

a) Warum ist das Einblenden der Formatierungszeichen hilfreich?

Die Aufteilung des Textes in Worte, Zeilen, Absätze kann besser erfasst werden – damit wird die spätere Gestaltung des Textes erleichtert.

b) Benenne die drei Formatierungszeichen sowie die Taste oder Tastenkombination, mit der sie erzeugt werden!

¶ _Ende des Absatzes_   ↵ _erzwungener Zeilenwechsel_   · _Wortzwischenraum_

c) Wie viele Absätze zählst du im Vergleichstext?

8 Absatzendemarken = 8 Absätze (auch mit „Enter" erzeugte Leerzeilen sind Absätze)

3. Schreibe den in Aufgabe 1 vorgegebenen Text mit deinem Textverarbeitungsprogramm! Sonderzeichen wie Ø und ° erhältst du in Textverarbeitungsprogrammen oft mit einem Menü wie „Einfügen – Symbol..." oder „Einfügen – Sonderzeichen...".
Speichere das Dokument unter dem Namen Erde.doc! Dein Lehrer hilft dir beim Speichern.

| Name: | Klasse: | Arbeitsblatt 3 |

Texte eingeben und korrigieren (2)

1. Für alle Aufgaben dieses Arbeitsblatts wird der Text von Arbeitsblatt 2 genutzt. Öffne hierzu das Dokument Erde.doc! (Speichere es am Ende deiner Arbeit nicht!)
Was geschieht, wenn der Cursor **vor** dem Wort „Ozeane" steht und du folgende Tasten betätigst?

    a) 1 x Lösch-Taste   b) 1 x [Strg] + [Del]

    _____   _____

    c) 5 x die Korrektur-Taste   d) 3 x [Strg] + [⇐]

    _____   _____

    _____   _____

2. Der Einfügemodus ist deaktiviert. Was geschieht, wenn

    a) der Cursor vor dem Wort „Ozeane" steht und das Wort „Wasser" eingegeben wird?

    _____

    b) der Cursor vor der Abkürzung „ca." steht und das Wort „circa" eingegeben wird?

    _____

    _____

3. Was geschieht, wenn

    a) der Cursor vor dem Wort „Fläche" steht und du 3-mal die Taste F8 drückst?

    _____

    b) der Cursor hinter der Zahl 12714 steht und du 4-mal die Taste F8 drückst?

    _____

    c) der Cursor vor dem Wort „Südpol" steht und du 1-mal die Taste F8 drückst?

    _____

4. Das Wort „Erde", das 6-mal im Text enthalten ist, soll gelöscht werden. Wie gehst du vor?

_____

_____

_____

_____

5. Nenne eine Möglichkeit, den gesamten Text (schnell) zu löschen!

_____

_____

3 Lösung

Texte eingeben und korrigieren (2)

1. Für alle Aufgaben dieses Arbeitsblatts wird der Text von Arbeitsblatt 2 genutzt. Öffne hierzu das Dokument Erde.doc! (Speichere es am Ende deiner Arbeit nicht!)
Was geschieht, wenn der Cursor **vor** dem Wort „Ozeane" steht und du folgende Tasten betätigst?

a) 1 x Lösch-Taste [Del]

Der Buchstabe „O" des Wortes „Ozeane" wird gelöscht.

b) 1 x [Strg] + [Del]

Das Wort „Ozeane" wird komplett gelöscht.

c) 5 x die Korrektur-Taste [⇐]

Das Wort „denn" wird buchstabenweise gelöscht.

d) 3 x [Strg] + [⇐]

Die Wortgruppe „Planeten, denn" wird gelöscht.

2. Der Einfügemodus ist deaktiviert. Was geschieht, wenn

a) der Cursor vor dem Wort „Ozeane" steht und das Wort „Wasser" eingegeben wird?

Das Wort „Ozeane" wird vollständig mit dem Wort „Wasser" überschrieben, da es die gleiche Anzahl an Buchstaben hat.

b) der Cursor vor der Abkürzung „ca." steht und das Wort „circa" eingegeben wird?

Die Abkürzung „ca." wird vollständig überschrieben, aber auch der Wortzwischenraum und die erste Ziffer der Zahl 150.000.000.

3. Was geschieht, wenn

a) der Cursor vor dem Wort „Fläche" steht und du 3-mal die Taste F8 drückst?

Es wird der gesamte Satz, in welchem das Wort „Fläche" vorkommt, markiert.

b) der Cursor hinter der Zahl 12714 steht und du 4-mal die Taste F8 drückst?

Es wird der gesamte Absatz, in welchem die Zahl 12714 vorkommt, markiert.

c) der Cursor vor dem Wort „Südpol" steht und du 1-mal die Taste F8 drückst?

Es passiert nichts.

4. Das Wort „Erde", das 6-mal im Text enthalten ist, soll gelöscht werden. Wie gehst du vor?

Variante 1: Markieren eines der Wörter „Erde" mit der linken Maustaste (Doppelklick), danach die Strg-Taste gedrückt halten und mit der linken Maustaste alle weiteren Wörter „Erde" markieren.

Danach wird 1-mal die Lösch-Taste betätigt.

Variante 2: Die Wörter werden einzeln gelöscht, indem man jeweils doppelt in das Wort „Erde" klickt.

Danach wird 1-mal die Korrektur-Taste betätigt.

5. Nenne eine Möglichkeit, den gesamten Text (schnell) zu löschen!

Markieren des gesamten Textes durch gedrückte Strg-Taste + Klick links neben den Text.

Danach wird 1-mal die Lösch-Taste betätigt

| Name: | Klasse: | Arbeitsblatt 4 |

Texte eingeben und korrigieren (3)

Frühling	Der herbstliche Garten
Sie konnten ihn all erwarten kaum, Nun treiben sie Schuss auf Schuss; Im Garten der alte Apfelbaum, Er sträubt sich, aber er muss. Nun ist er endlich kommen doch In grünem Knospenschuh; „Er kam, er kam ja immer noch", Die Bäume nicken sich's zu. Wohl zögert auch das alte Herz Und atmet noch nicht frei, Es bangt und sorgt: „Es ist erst März, Und März ist noch nicht Mai." O schüttle ab den schweren Traum Und die lange Winterruh': Es wagt es der alte Apfelbaum, Herze, wag's auch du. Theodor Fontane (1819 – 1898)	Der Ströme Seelen, der Winde Wesen Gehet rein in den Abend hinunter, In den schilfigen Buchten, wo herber und bunter Die brennenden Wälder im Herbste verwesen. Die Schiffe fahren im blanken Scheine, Und die Sonne scheidet unten im Westen, Aber die langen Weiden mit traurigen Ästen Hängen über die Wasser und Weine. In der sterbenden Gärten Schweigen, In der goldenen Bäume Verderben Gehen die Stimmen, die leise steigen In dem fahlen Laube und fallenden Sterben. Aus gestorbener Liebe in dämmrigen Stegen Winket und wehet ein flatterndes Tuch, Und es ist in den einsamen Wegen Abendlich kühl, und ein welker Geruch. Aber die freien Felder sind reiner Da sie der herbstliche Regen gefegt. Und die Birken sind in der Dämmerung kleiner, Die ein Wind in leiser Sehnsucht bewegt. Und die wenigen Sterne stehen Über den Weiten in ruhigem Bilde. Lasst uns noch einmal vorübergehen, Denn der Abend ist rosig und milde. Georg Heym (1887 – 1912)

1. Schreibe den linken Text mit einem Textverarbeitungsprogramm!
Speichere ihn unter dem Namen Fruehling.doc!
Jede Strophe des Gedichts soll ein Absatz sein. Was musst du beachten?

2. Schreibe nun den rechten Text mit deinem Textverarbeitungsprogramm! Jede Strophe des Gedichts soll ein Absatz sein. Speichere das Dokument unter dem Namen Herbst.doc!

3. Nutze eines der beiden Dokumente für folgende Aufgabe:
Die letzte Strophe des Gedichts soll gelöscht werden. Gib zwei Möglichkeiten hierfür an!

4 Lösung

Texte eingeben und korrigieren (3)

Frühling	Der herbstliche Garten
Sie konnten ihn all erwarten kaum, Nun treiben sie Schuss auf Schuss; Im Garten der alte Apfelbaum, Er sträubt sich, aber er muss. Nun ist er endlich kommen doch In grünem Knospenschuh; „Er kam, er kam ja immer noch", Die Bäume nicken sich's zu. Wohl zögert auch das alte Herz Und atmet noch nicht frei, Es bangt und sorgt: „Es ist erst März, Und März ist noch nicht Mai." O schüttle ab den schweren Traum Und die lange Winterruh': Es wagt es der alte Apfelbaum, Herze, wag's auch du. Theodor Fontane (1819 – 1898)	Der Ströme Seelen, der Winde Wesen Gehet rein in den Abend hinunter, In den schilfigen Buchten, wo herber und bunter Die brennenden Wälder im Herbste verwesen. Die Schiffe fahren im blanken Scheine, Und die Sonne scheidet unten im Westen, Aber die langen Weiden mit traurigen Ästen Hängen über die Wasser und Weine. In der sterbenden Gärten Schweigen, In der goldenen Bäume Verderben Gehen die Stimmen, die leise steigen In dem fahlen Laube und fallenden Sterben. Aus gestorbener Liebe in dämmrigen Stegen Winket und wehet ein flatterndes Tuch, Und es ist in den einsamen Wegen Abendlich kühl, und ein welker Geruch. Aber die freien Felder sind reiner Da sie der herbstliche Regen gefegt. Und die Birken sind in der Dämmerung kleiner, Die ein Wind in leiser Sehnsucht bewegt. Und die wenigen Sterne stehen Über den Weiten in ruhigem Bilde. Lasst uns noch einmal vorübergehen, Denn der Abend ist rosig und milde. Georg Heym (1887 – 1912)

1. Schreibe den linken Text mit einem Textverarbeitungsprogramm!
Speichere ihn unter dem Namen Fruehling.doc!
Jede Strophe des Gedichts soll ein Absatz sein. Was musst du beachten?

In den Strophen muss jede Zeile mit einer weichen Zeilenschaltung (Umschalt-Taste + Eingabe-Taste)

abgeschlossen werden.

2. Schreibe nun den rechten Text mit deinem Textverarbeitungsprogramm! Jede Strophe des Gedichts soll ein Absatz sein. Speichere das Dokument unter dem Namen Herbst.doc!

3. Nutze eines der beiden Dokumente für folgende Aufgabe:
Die letzte Strophe des Gedichts soll gelöscht werden. Gib zwei Möglichkeiten hierfür an!

Variante 1: Markieren des Absatzes durch Doppelklick in den Bereich neben den Absatz.

Danach wird die Lösch-Taste betätigt.

Variante 2: Markieren des Absatzes durch Überstreichen mit gedrückter linker Maustaste.

Danach wird die Korrektur-Taste betätigt.

| Name: | Klasse: | Arbeitsblatt 5 |

Datensicherheit – von Datenträgern, Ordnern und Dateien (1)

1. Betrachte den folgenden Ordnerbaum, der sich auf einem USB-Stick mit dem Namen K: befindet!

a) Wie viele Ordner wurden auf dem USB-Stick zur sinnvollen Dateiverwaltung angelegt?

_____

b) Wie viele Unterordner befinden sich im Ordner „Mathematik"?

_____

c) Welche Unterordner gehören unmittelbar zum Ordner „Unterricht"?

_____
_____

d) Stelle dir vor, du hast deinen Eltern einen Brief geschrieben. Wo speicherst du diesen Brief sinnvoll ab?
Notiere die absolute Pfadangabe!

_____

e) Was geschieht, wenn du auf die Schaltfläche ⊟ links neben dem Ordner „Deutsch" klickst? Welche Ordner sind ausgeblendet?

_____
_____

Ordnerbaum:
- Abrechnung_Taschengeld
  - April_bis_Juni
  - Jan_bis_Maerz
  - Juli_bis_Sept
  - Okt_bis_Dez
- Briefe
  - Eltern
  - Freunde
- Unterricht
  - Deutsch
    - Klasse_5
      - Gedichte
      - Grammatik
      - Literatur
      - Rechtschreibung
    - Klasse_6
      - Grammatik
      - Literatur
      - Rechtschreibung
    - Klasse_7
      - Gedichte
      - Grammatik
      - Literatur
  - Englisch
  - Geografie
  - Mathematik
    - Algebra
    - Bruchrechnen
    - Geometrie

Dateien: Fruehling.doc, Herbst.doc

f) Notiere die absolute Pfadangabe der Datei „Herbst.doc"!

_____

2. Führe folgende Handlungen aus:
a) Erstelle die oben dargestellten Ordner mit allen Unterordnern auf einem externen Datenträger!
b) Kopiere die schon erarbeiteten Dokumente Fruehling.doc und Herbst.doc in den richtigen Ordner!
c) Kopiere das Dokument Erde.doc nach Unterricht\Geografie!

3. Was geschieht, wenn der Ordner „Abrechnung_Taschengeld" gelöscht wird?

_____
_____

4. Was musst du beachten, wenn du den Ordner „Gedichte" des Ordners „Klasse_7" in den Ordner „Klasse_5" kopierst?

_____
_____

5. Geht der Inhalt des Ordners „Deutsch" verloren, wenn du ihn umbenennst in „Deutsche_Sprache"?

_____

5 Lösung

Datensicherheit – von Datenträgern, Ordnern und Dateien (1)

1. Betrachte den folgenden Ordnerbaum, der sich auf einem USB-Stick mit dem Namen K: befindet!

a) Wie viele Ordner wurden auf dem USB-Stick zur sinnvollen Dateiverwaltung angelegt?

29

b) Wie viele Unterordner befinden sich im Ordner „Mathematik"?

3

c) Welche Unterordner gehören unmittelbar zum Ordner „Unterricht"?

Deutsch, Englisch, Geografie, Mathematik

d) Stelle dir vor, du hast deinen Eltern einen Brief geschrieben. Wo speicherst du diesen Brief sinnvoll ab?
Notiere die absolute Pfadangabe!

K:\Briefe\Eltern

e) Was geschieht, wenn du auf die Schaltfläche ⊟ links neben dem Ordner „Deutsch" klickst? Welche Ordner sind ausgeblendet?

Klasse_5, Klasse_6 und Klasse_7

einschließlich der Unterordner

f) Notiere die absolute Pfadangabe der Datei „Herbst.doc"!

Für einen Datenträger K gilt: K:\Unterricht\Klasse_7\Gedichte\Herbst.doc

2. Führe folgende Handlungen aus:
a) Erstelle die oben dargestellten Ordner mit allen Unterordnern auf einem externen Datenträger!
b) Kopiere die schon erarbeiteten Dokumente Fruehling.doc und Herbst.doc in den richtigen Ordner!
c) Kopiere das Dokument Erde.doc nach Unterricht\Geografie!

3. Was geschieht, wenn der Ordner „Abrechnung_Taschengeld" gelöscht wird?

Alle Unterordner und darin enthaltenen Dateien werden automatisch mit gelöscht.

4. Was musst du beachten, wenn du den Ordner „Gedichte" des Ordners „Klasse_7" in den Ordner „Klasse_5" kopierst?

Da in „Klasse_5" bereits ein Ordner mit diesem Namen existiert, wird der bestehende Ordner „Gedichte"

überschrieben und dessen Inhalt (alle Dateien) geht verloren.

5. Geht der Inhalt des Ordners „Deutsch" verloren, wenn du ihn umbenennst in „Deutsche_Sprache"?

nein

| Name: | Klasse: | Arbeitsblatt | 6 |

Datensicherheit – von Datenträgern, Ordnern und Dateien (2)

1. Betrachte den Ordnerbaum, den du mit Aufgabe 2 des Arbeitsblatts 5 erstellt hast!
Nenne jeweils eine Möglichkeit, um

a) die Datei Fruehling.doc in den Ordner Unterricht\Klasse_5\Gedichte zu kopieren.

_____

_____

b) die Datei Herbst.doc umzubenennen in Herbstgarten.doc.

_____

_____

c) die Datei Fruehling.doc zu löschen.

_____

d) die Dateien Herbst.doc und Fruehling.doc aus dem Ordner Klasse_7\Gedichte in den Ordner Klasse_5\Gedichte zu verschieben.

_____

_____

_____

2. Du schreibst einen Text und plötzlich stürzt der PC ab – die ganze Arbeit war umsonst!
Wie kannst du dem Datenverlust vorbeugen? Nenne zwei Möglichkeiten!

_____

_____

3. Erarbeite (handschriftlich oder am PC) einen Ordnerbaum, in welchem folgende Ordner hierarchisch richtig angeordnet sind:

Saeugetiere, Spatz, Tiere, Meise, Katzen, Labrador_Retriever, Pudel, Loewe, Voegel, Hauskatze, Tiger, Schaeferhund, Elster, Puma, Hunde

4. Wie gehst du vor, wenn du diesen Verzeichnisbaum in den Ordner „Biologie" des Ordnerbaumes aus Aufgabe 1 kopieren willst?

_____

_____

© DUDEN PAETEC GmbH, Berlin. Alle Rechte vorbehalten. Internet: www.duden-paetec.de

6 Lösung

Datensicherheit – von Datenträgern, Ordnern und Dateien (2)

1. Betrachte den Ordnerbaum, den du mit Aufgabe 2 des Arbeitsblatts 5 erstellt hast! Nenne jeweils eine Möglichkeit, um

a) die Datei Fruehling.doc in den Ordner Unterricht\Klasse_5\Gedichte zu kopieren.

Im Dateimanager Cursor auf die Datei setzen (markieren) → Menü „Bearbeiten – Kopieren" (Zwischenablage) → Ordner „Unterricht\Klasse_5\Gedichte" öffnen → Menü „Bearbeiten – Einfügen".

Oder: Beide Ordner in verschiedenen Fenstern öffnen → Datei mit gedrückter Strg-Taste ziehen.

b) die Datei Herbst.doc umzubenennen in Herbstgarten.doc.

Im Dateimanager Cursor auf die Datei setzen (markieren) → Menü „Datei – Umbenennen" → neuen Dateinamen eingeben.

Oder: Zwei einzelne Klicks auf den Dateinamen ausführen → neuen Dateinamen eingeben.

c) die Datei Fruehling.doc zu löschen.

Cursor auf die Datei setzen (markieren) → Menü „Daten – Löschen" oder Entfernen-Taste

d) die Dateien Herbst.doc und Fruehling.doc aus dem Ordner Klasse_7\Gedichte in den Ordner Klasse_5\Gedichte zu verschieben.

Im Dateimanager beide Dateien markieren → Menü „Bearbeiten – Verschieben" (Zwischenablage)

→ Ordner Klasse_5\Gedichte öffnen → Menü „Bearbeiten – Einfügen".

Oder besser: Beide Ordner in verschiedenen Fenstern öffnen → Dateien hinüberziehen.

2. Du schreibst einen Text und plötzlich stürzt der PC ab – die ganze Arbeit war umsonst! Wie kannst du dem Datenverlust vorbeugen? Nenne zwei Möglichkeiten!

1) regelmäßig speichern auf einen ausreichend großen Datenträger

2) Einstellung der automatischen Speicherung, z.B. alle 10 Minuten im Menü „Extras – Optionen"

3. Erarbeite (handschriftlich oder am PC) einen Ordnerbaum, in welchem folgende Ordner hierarchisch richtig angeordnet sind:

Saeugetiere, Spatz, Tiere, Meise, Katzen, Labrador_Retriever, Pudel, Loewe, Voegel, Hauskatze, Tiger, Schaeferhund, Elster, Puma, Hunde

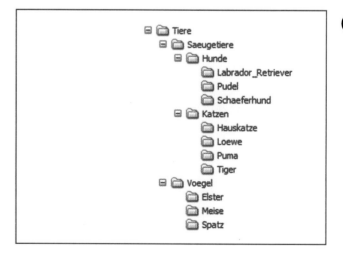

4. Wie gehst du vor, wenn du diesen Verzeichnisbaum in den Ordner „Biologie" des Ordnerbaumes aus Aufgabe 1 kopieren willst?

Cursor auf den Ordner „Saeugetiere" setzen → Menü „Bearbeiten – Kopieren" (Zwischenablage)

→ Öffnen des Ordners Biologie (Doppelklick) → Menü „Bearbeiten – Einfügen"

Textteile verschieben und kopieren

1. In der Datei mit dem Namen „Fruehling.doc" (Gedicht von Theodor Fontane) wurden versehentlich die ersten beiden Strophen vertauscht. Stelle die richtige Reihenfolge der Strophen her! Beschreibe dein Vorgehen! Speichere das korrigierte Dokument unter „Fruehling2.doc"!

1. Dokument „Fruehling.doc" öffnen (z.B. durch Doppelklick im Dateimanager)

2. Zeige eine Möglichkeit auf, um den gesamten Inhalt der Datei „Herbst.doc" an das Ende des Textdokuments „Fruehling2.doc" zu kopieren! Kopiere nach deinen Vorgaben und speichere das neue Dokument als „Jahreszeiten.doc"!

1. Dokumente „Herbst.doc" und „Fruehling2.doc" öffnen

3. Lies den nebenstehenden Text und gib ihn ein!
Im Text gibt es sehr viele Passagen, die sich wiederholen. Versuche, beim Schreiben des Textes so effektiv wie möglich vorzugehen: Kopiere so oft es geht!
Jede Strophe soll (für spätere Formatierungen) *ein* Absatz sein. Nutze daher sogenannte „weiche Zeilenschaltungen".
Speichere das fertige Dokument Text unter dem Namen „Paul1.doc"!

Onkel Paul wohnt auf dem Land

1. Onkel Paul wohnt auf dem Land, hia-hia-ho.
Sein Hund, der ist uns wohlbekannt, hia-hia-ho.
Und das „Wuff-wuff" hier, und das „Wuff-wuff" da,
hier „Wuff", da „Wuff", überall das „Wuff-wuff".
Onkel Paul wohnt auf dem Land, hia-hia-ho.

2. Onkel Paul wohnt auf dem Land, hia-hia-ho.
Sein Schwein, das ist uns wohlbekannt, hia-hia-ho.
Und das „Uik-uik" hier, und das „Uik-uik" da,
hier „Uik", da „Uik", überall das „Uik-uik",
hier „Wuff", da „Wuff", überall das „Wuff-wuff".
Onkel Paul wohnt auf dem Land, hia-hia-ho.

3. Onkel Paul wohnt auf dem Land, hia-hia-ho.
Seine Katze ist uns wohlbekannt, hia-hia-ho.
Und das „Miau-miau" hier, und das „Miau-miau" da,
hier „Miau", da „Miau", überall das „Miau-miau",
hier „Uik", da „Uik", überall das „Uik-uik",
hier „Wuff", da „Wuff", überall das „Wuff-wuff".
Onkel Paul wohnt auf dem Land, hia-hia-ho.

4. Onkel Paul wohnt auf dem Land, hia-hia-ho.
Sein Vogel ist uns wohlbekannt, hia-hia-ho.
Und das „Piep-piep" hier, und das „Piep-piep" da,
hier „Piep", da „Piep", überall das „Piep-piep",
hier „Miau", da „Miau", überall das „Miau-miau",
hier „Uik", da „Uik", überall das „Uik-uik",
hier „Wuff", da „Wuff", überall das „Wuff-wuff".
Onkel Paul wohnt auf dem Land, hia-hia-ho.

7 Lösung

Textteile verschieben und kopieren

1. In der Datei mit dem Namen „Fruehling.doc" (Gedicht von Theodor Fontane) wurden versehentlich die ersten beiden Strophen vertauscht. Stelle die richtige Reihenfolge der Strophen her! Beschreibe dein Vorgehen! Speichere das korrigierte Dokument unter „Fruehling2.doc"!

1. Dokument „Fruehling.doc" öffnen (z.B. durch Doppelklick im Dateimanager)
2. Markieren der ersten Strophe mit der linken Maustaste
3. Ausschneiden des Textteils in die Zwischenablage, z.B. mit der Tastenkombination Strg + X
4. Cursor vor die (jetzt) 2. Strophe setzen
5. Textteil aus der Zwischenablage einfügen (Menü „Bearbeiten – Einfügen" oder Strg+ V)

2. Zeige eine Möglichkeit auf, um den gesamten Inhalt der Datei „Herbst.doc" an das Ende des Textdokuments „Fruehling2.doc" zu kopieren! Kopiere nach deinen Vorgaben und speichere das neue Dokument als „Jahreszeiten.doc"!

1. Dokumente „Herbst.doc" und „Fruehling2.doc" öffnen
2. Markieren des gesamten Textes im Dokument „Herbst.doc"
3. Kopieren des Textteils in die Zwischenablage durch Menü „Bearbeiten – Kopieren" oder Strg + C
4. Cursor im Dokument „Fruehling2.doc" an das Ende des bestehenden Textes setzen
5. Text aus der Zwischenablage einfügen durch Menü „Bearbeiten – Einfügen" oder Strg + V

3. Lies den nebenstehenden Text und gib ihn ein!
Im Text gibt es sehr viele Passagen, die sich wiederholen. Versuche, beim Schreiben des Textes so effektiv wie möglich vorzugehen: Kopiere so oft es geht!
Jede Strophe soll (für spätere Formatierungen) *ein* Absatz sein. Nutze daher sogenannte „weiche Zeilenschaltungen".
Speichere das fertige Dokument Text unter dem Namen „Paul1.doc"!

Onkel Paul wohnt auf dem Land

1. Onkel Paul wohnt auf dem Land, hia-hia-ho.
Sein Hund, der ist uns wohlbekannt, hia-hia-ho.
Und das „Wuff-wuff" hier, und das „Wuff-wuff" da,
hier „Wuff", da „Wuff", überall das „Wuff-wuff".
Onkel Paul wohnt auf dem Land, hia-hia-ho.

2. Onkel Paul wohnt auf dem Land, hia-hia-ho.
Sein Schwein, das ist uns wohlbekannt, hia-hia-ho.
Und das „Uik-uik" hier, und das „Uik-uik" da,
hier „Uik", da „Uik", überall das „Uik-uik",
hier „Wuff", da „Wuff", überall das „Wuff-wuff".
Onkel Paul wohnt auf dem Land, hia-hia-ho.

3. Onkel Paul wohnt auf dem Land, hia-hia-ho.
Seine Katze ist uns wohlbekannt, hia-hia-ho.
Und das „Miau-miau" hier, und das „Miau-miau" da,
hier „Miau", da „Miau", überall das „Miau-miau",
hier „Uik", da „Uik", überall das „Uik-uik",
hier „Wuff", da „Wuff", überall das „Wuff-wuff".
Onkel Paul wohnt auf dem Land, hia-hia-ho.

4. Onkel Paul wohnt auf dem Land, hia-hia-ho.
Sein Vogel ist uns wohlbekannt, hia-hia-ho.
Und das „Piep-piep" hier, und das „Piep-piep" da,
hier „Piep", da „Piep", überall das „Piep-piep",
hier „Miau", da „Miau", überall das „Miau-miau",
hier „Uik", da „Uik", überall das „Uik-uik",
hier „Wuff", da „Wuff", überall das „Wuff-wuff".
Onkel Paul wohnt auf dem Land, hia-hia-ho.

| Name: | Klasse: | Arbeitsblatt 8 |

Zeichen – von Codes und Bytes (1)

1. Du schreibst Georg aus London eine E-Mail (siehe Abbildung oben).
Bei ihm kommt die Mail aber fehlerhaft an (siehe Abbildung unten).
Überlege, woran es liegen kann, dass einige Zeichen falsch wiedergegeben werden!

Lieber Georg,

ich wünsche dir alles Gute zum Geburtstag, viel Gesundheit und Spaß in der Schule!

Viele Grüße deine Bärbel

Lieber Georg,

ich w[nsche dir alles Gute yum Geburtstag, viel Gesundheit und Spa- in der Schule!

Viele Gr[-e deine B'rbel

---

2. Du kannst deinen Freunden Texte in Geheimschrift schicken, indem du den Text „normal" schreibst und über die Zuweisung einer anderen Schriftart formatierst.

a) Codiere das Sprichwort „Morgenstund hat Gold im Mund" mit der Schriftart „Webdings" oder „Symbol"!

b) Was hat der Empfänger der Nachricht bei der Decodierung zu beachten?

3. Entwirf mit deinem Textverarbeitungsprogramm eine beliebige Zierkante über die gesamte Breite des Blattes für eine Einladung und speichere das Dokument unter dem Namen „Einladung.doc" ab!

Mögliches Muster:

Nenne zwei Möglichkeiten, geeignete Sonderzeichen zu erzeugen!

8 Lösung

Zeichen – von Codes und Bytes (1)

1. Du schreibst Georg aus London eine E-Mail (siehe Abbildung oben).
Bei ihm kommt die Mail aber fehlerhaft an (siehe Abbildung unten).
Überlege, woran es liegen kann, dass einige Zeichen falsch wiedergegeben werden!

> Lieber Georg,
>
> ich wünsche dir alles Gute zum Geburtstag, viel Gesundheit und Spaß in der Schule!
>
> Viele Grüße deine Bärbel

> Lieber Georg,
>
> ich w[nsche dir alles Gute yum Geburtstag, viel Gesundheit und Spa- in der Schule!
>
> Viele Gr[-e deine B'rbel

Wenn Textdokumente von einem System auf ein anderes System übertragen werden, muss berücksichtigt werden, dass die Zeichencodierung übereinstimmt. Georg benutzt auf seinem PC einen anderen ANSI-Zeichensatz.

2. Du kannst deinen Freunden Texte in Geheimschrift schicken, indem du den Text „normal" schreibst und über die Zuweisung einer anderen Schriftart formatierst.

a) Codiere das Sprichwort „Morgenstund hat Gold im Mund" mit der Schriftart „Webdings" oder „Symbol"!

▬▬×■▬●?▬▬●♥ ▬✓▬▬▬-+♥ ①! ▬▬●♥ (Webdings)

b) Was hat der Empfänger der Nachricht bei der Decodierung zu beachten?
Er muss zum Decodieren die Schriftart kennen, mit der der Text geschrieben wurde.
Auf dem Rechner muss die Schriftart „Webdings" vorhanden sein.

3. Entwirf mit deinem Textverarbeitungsprogramm eine beliebige Zierkante über die gesamte Breite des Blattes für eine Einladung und speichere das Dokument unter dem Namen „Einladung.doc" ab!

Mögliches Muster:

> ෩෩෩෩෩෩෩෩෩෩ ❀ ෨෨෨෨෨෨෨෨෨෨
>
> *Einladung*
>
> ෩෩෩෩෩෩෩෩෩෩ ❀ ෨෨෨෨෨෨෨෨෨෨

Nenne zwei Möglichkeiten, geeignete Sonderzeichen zu erzeugen!

(1) Eingabe des Zeichens über das Menü „Einfügen – Symbol – Schriftart Wingdings"

→ *Zeichen auswählen*

(2) Aktivierung der Schriftart „Wingdings" → danach Alt + Eingabe des ANSI-Zeichens 0152 (෩) bzw.

0153 (෨) oder 0123 (❀) auf dem Ziffernblock.

| Name: | Klasse: | Arbeitsblatt | 9 |

Zeichen – von Codes und Bytes (2)

1. Füge in das Textdokument „Erde.doc" (Arbeitsblatt 2) das Symbol 🌍 an geeigneter Stelle ein! Wie gehst du vor? Speichere das geänderte Dokument als „Erde2.doc"!

2. Du möchtest folgende Zeichen über `Alt` + ANSI-Code auf dem numerischen Ziffernblock eingeben: Berechne den ANSI-Code der Zeichen aus ihrem Bimuster!

a) & aus 00100110

b) É aus 10010000

c) ¼ aus 10101100

d) ÷ aus 11110110

3. Die unterstrichenen Zeichen werden beim Schreiben von Texten sehr häufig benötigt. Finde eine Möglichkeit, diese Zeichen schnell einzugeben!

a) info<u>@</u>t-online.de

b) <u>{</u>Literaturverzeichnis<u>}</u>

c) c<u>²</u> = a<u>²</u> + b<u>²</u>

d) 122,50 <u>€</u>

4. Du möchtest einen Lebenslauf speichern, der aus circa 3000 Zeichen besteht.

a) Wie groß ist die theoretische Speicherkapazität der Datei, die entstanden ist in KByte?

b) Wähle ein geeignetes Speichermedium zur Sicherung der Datei!

5. Ein Unternehmer möchte 1100 Rechnungen zusammen auf einen Datenträger speichern. Eine Rechnung belegt 880 KByte.

a) Gib die gesamte Speicherkapazität in MByte an!

b) Wähle ein geeignetes Speichermedium!

9 Lösung

Zeichen – von Codes und Bytes (2)

1. Füge in das Textdokument „Erde.doc" (Arbeitsblatt 2) das Symbol 🌐 an geeigneter Stelle ein! Wie gehst du vor? Speichere das geänderte Dokument als „Erde2.doc"!

– *Cursor im Textdokument an die betreffende Stelle setzen (z.B. hinter die Überschrift)*

– *Menü „Einfügen – Symbol – Schriftart Webdings" → Zeichen auswählen*

oder

– *Schriftart Webdings auswählen und ANSI-Code 0252 über Numerikblock der Tastatur eingeben*

2. Du möchtest folgende Zeichen über Alt + ANSI-Code auf dem numerischen Ziffernblock eingeben: Berechne den ANSI-Code der Zeichen aus ihrem Bimuster!

a) & aus 00100110

0 + 2 + 4 + 0 + 0 + 32 = 38

b) É aus 10010000

16 + 128 = 144

c) ¼ aus 10101100

4 + 8 + 32 + 128 = 172

d) ÷ aus 11110110

2 + 4 + 16 + 32 + 64 + 128 = 246

3. Die unterstrichenen Zeichen werden beim Schreiben von Texten sehr häufig benötigt. Finde eine Möglichkeit, diese Zeichen schnell einzugeben!

a) info@t-online.de

AltGr + q

b) {Literaturverzeichnis}

AltGr + 7   und   AltGr + 0

c) $c^2 = a^2 + b^2$

AltGr + 2

d) 122,50 €

AltGr + e

4. Du möchtest einen Lebenslauf speichern, der aus circa 3000 Zeichen besteht.

a) Wie groß ist die theoretische Speicherkapazität der Datei, die entstanden ist in KByte?

3000 Byte = 3000/1024 KByte = 2,93 KByte

b) Wähle ein geeignetes Speichermedium zur Sicherung der Datei!

Diskette, USB-Stick

5. Ein Unternehmer möchte 1100 Rechnungen zusammen auf einen Datenträger speichern. Eine Rechnung belegt 880 KByte.

a) Gib die gesamte Speicherkapazität in MByte an!

1100 x 880 KByte = 968000 KByte

968000 KByte / 1024 ≈ 945 MByte

b) Wähle ein geeignetes Speichermedium!

Festplatte, DVD, USB-Stick

| Name: | Klasse: | Arbeitsblatt 10 |

Zeichenattribute – von Schriftarten, Schriftgraden und Schriftschnitten (1)

1. Nenne die Grundarten der in Europa gebräuchlichen Schriften! Gib jeweils eine kurze Charakteristik an!

2. Verschaffe dir eine Übersicht, welche Schriftarten dir auf deinem Computer zur Verfügung stehen! Lege eine Liste an, in der maximal fünf Schriften zu jeder Grundart eingetragen sind.

3. Untersuche die Schriften Arial, Courier New, Symbol und Times New Roman! Ordne die genannten Schriften den folgenden Kategorien zu!

Antiqua-Schrift	
Sonderschrift	
serifenlose Schrift	
Serifen-Schrift	
proportionale Schrift	
nichtproportionale Schrift	

4. Willst du die Schriftart eines Textes ändern, musst du ihn vorher markieren! Richte dir eine Übersicht für Markierungstechniken ein!

Was wird markiert?	mit der Maus	mit den Tasten
einzelner Buchstabe		
ganzes Wort		
ganzer Satz		
ganze Zeile		
ganzer Absatz		

10 Lösung

Zeichenattribute – von Schriftarten, Schriftgraden und Schriftschnitten (1)

1. Nenne die Grundarten der in Europa gebräuchlichen Schriften! Gib jeweils eine kurze Charakteristik an!

Antiqua	Aus der Schrift, die im antiken Rom verwendet wurde, abgeleitet.
Ist die heute in der Praxis gebräuchlichste Schriftart.	
Fraktur	Die Rundungen der kleinen Buchstaben werden eckig (gebrochen)
dargestellt. Fraktur findet man häufig in älteren Büchern. Heute wenig gebräuchlich.	
Zier-/Schreibschrift	Es gibt die verschiedensten Formen. Findet Anwendung in kurzen
Schriftstücken, wie Einladungen, Etiketten, Firmenlogos.	
Sonderschrift	Für andere Schriftsprachen, Griechisch, Russisch, Arabisch
oder spezielle Anwendungen, z.B. Blindenschrift (Braille), mathematische Zeichen (Symbol)	

2. Verschaffe dir eine Übersicht, welche Schriftarten dir auf deinem Computer zur Verfügung stehen! Lege eine Liste an, in der maximal fünf Schriften zu jeder Grundart eingetragen sind.

Antiqua	Fraktur	Zier-/Schreibschrift	Sonderschrift
Arial	Fette Fraktur	Comic sans	Bookshelf Symbol
Courier New	Blackletter	Hobo	Symbol
Times New Roman		Absalom	CommonBullets
Avant Garde		Allegro	Extra
Book Antiqua		Arioso	Webdings

3. Untersuche die Schriften Arial, Courier New, Symbol und Times New Roman! Ordne die genannten Schriften den folgenden Kategorien zu!

Antiqua-Schrift	Arial, Courier New, Times New Roman
Sonderschrift	Symbol
serifenlose Schrift	Arial
Serifen-Schrift	Courier New, Times New Roman
proportionale Schrift	Arial, Symbol und Times New Roman
nichtproportionale Schrift	Courier New

4. Willst du die Schriftart eines Textes ändern, musst du ihn vorher markieren! Richte dir eine Übersicht für Markierungstechniken ein!

Was wird markiert?	mit der Maus	mit den Tasten
einzelner Buchstabe	mit gedr. Maustaste über den Buchstaben	<Umschalttaste> + <→> bzw. <←>
ganzes Wort	Doppelklick auf das Wort	2 x <F8>
ganzer Satz	mit gedr. Maustaste über den Satz	3 x <F8>
ganze Zeile	am linken Seitenrand klicken	<Umschalttaste> + <Ende>
ganzer Absatz	Dreifachklick auf den Absatz	4 x <F8>

| Name: | Klasse: | Arbeitsblatt 11 |

Zeichenattribute – von Schriftarten, Schriftgraden und Schriftschnitten (2)

1. Was verstehst du unter dem Begriff „Schriftgrad"?
Welche Maße bei den Buchstaben einer Schrift dienen der Bestimmung des Schriftgrades?
In welcher Maßeinheit wird der Attributwert beim Schriftgrad angegeben?

2. Rechne die Attributwerte 10 pt, 12 pt und 28 pt in Millimeter um! Gib dazu den Rechenweg an!

3. Für das Layout eines mehrseitigen Textes stehen die Schriftgrade 10 pt, 12 pt, 16 pt und 24 pt zur Verfügung.
Ordne den aufgeführten Textelementen geeignete Schriftgrade aus der Vorgabe zu!

Zitate		Bildunterschriften	
Kopf- und Fußzeilen		Titel	
Fließtext		Fußnoten	
Seitenzahlen		Kapitelüberschriften	

4. Du änderst den Schriftgrad in einem Dokument von 10 pt auf 12 pt.
Wie gehst du vor, ...
  a) wenn das gesamte Dokument geändert werden soll?
  b) wenn ein einzelner Absatz geändert werden soll?
  c) wenn ein einzelnes Wort geändert werden soll?
  d) wenn nur alle groß geschriebenen Wörter geändert werden sollen?

a)	
b)	
c)	
d)	

5. Öffne das Dokument „Erde2.doc", weise folgende Attributwerte zu und speichere als „Erde3.doc"!
– Zeichen in der Überschrift: Arial, 12 pt, fett
– Symbol der Erde: Webdings, 20 pt
– Fließtext: Times New Roman, 11 pt
– einige betonte Wörter (siehe Textausschnitt): Times New Roman, 11 pt, kursiv

Unsere Erde 🌍

Die Erde ist nach Merkur und Venus der *dritte* Planet von der Sonne aus betrachtet.
Der *Abstand Erde–Sonne* beträgt ca. 150.000.000 km.
Man bezeichnet die Erde als *blauen* Planeten, denn Ozeane bedecken eine sehr große Fläche.

11 Lösung

Zeichenattribute – von Schriftarten, Schriftgraden und Schriftschnitten (2)

1. Was verstehst du unter dem Begriff „Schriftgrad"?
Welche Maße bei den Buchstaben einer Schrift dienen der Bestimmung des Schriftgrades?
In welcher Maßeinheit wird der Attributwert beim Schriftgrad angegeben?

Das Zeichenattribut Schriftgrad gibt die Größe der Schrift an.
Bei der Bestimmung des Schriftgrades wird das Maß von der Unterlänge eines Buchstabens bis zur
Oberlänge eines Buchstabens gemessen. – Die Maßeinheit ist Punkt (pt).

2. Rechne die Attributwerte 10 pt, 12 pt und 28 pt in Millimeter um! Gib dazu den Rechenweg an!

1 pt = 0,376 mm	*1 pt = 0,376 mm*	*1 pt = 0,376 mm*
10 pt = 10 x 0,376 mm	*12 pt = 12 x 0,376 mm*	*28 pt = 28 x 0,376 mm*
10 pt = 3,76 mm	*12 pt = 4,51 mm*	*28 pt = 10,52 mm*

3. Für das Layout eines mehrseitigen Textes stehen die Schriftgrade 10 pt, 12 pt, 16 pt und 24 pt zur Verfügung.
Ordne den aufgeführten Textelementen geeignete Schriftgrade aus der Vorgabe zu!

Zitate	*12 Punkt*	Bildunterschriften	*10 Punkt*
Kopf- und Fußzeilen	*10 Punkt*	Titel	*24 Punkt*
Fließtext	*12 Punkt*	Fußnoten	*10 Punkt*
Seitenzahlen	*10 Punkt*	Kapitelüberschriften	*16 Punkt*

4. Du änderst den Schriftgrad in einem Dokument von 10 pt auf 12 pt.
Wie gehst du vor, ...
        a) wenn das gesamte Dokument geändert werden soll?
        b) wenn ein einzelner Absatz geändert werden soll?
        c) wenn ein einzelnes Wort geändert werden soll?
        d) wenn nur alle groß geschriebenen Wörter geändert werden sollen?

a)	*Das gesamte Dokument mit Strg + A markieren. Im Dropdown-Menü „Schriftgrad" die 12 anklicken.*
b)	*Den Absatz mit Dreifachklick markieren. Im Dropdown-Menü „Schriftgrad" die 12 anklicken.*
c)	*Die Einfügemarke in das Wort setzen. Im Dropdown-Menü „Schriftgrad" die 12 anklicken.*
d)	*Das erste Wort wie bei c), dann das nächste Wort anklicken und die Taste F4 tippen usw.*

5. Öffne das Dokument „Erde2.doc", weise folgende Attributwerte zu und speichere als „Erde3.doc"!
– Zeichen in der Überschrift: Arial, 12 pt, fett
– Symbol der Erde: Webdings, 20 pt
– Fließtext: Times New Roman, 11 pt
– einige betonte Wörter (siehe Textausschnitt): Times New Roman, 11 pt, kursiv

---

Unsere Erde 🌍

Die Erde ist nach Merkur und Venus der *dritte* Planet von der Sonne aus betrachtet.
Der *Abstand Erde–Sonne* beträgt ca. 150.000.000 km.
Man bezeichnet die Erde als *blauen* Planeten, denn Ozeane bedecken eine sehr große Fläche.

| Name: | Klasse: | Arbeitsblatt 12 |

Zeichenattribute – von Schriftarten, Schriftgraden und Schriftschnitten (3)

1. Der Schriftschnitt ist ein *Attribut* des *Objekts* **Zeichen**.

Ordne den Substantiven des Mustersatzes die entsprechenden Schriftschnitte zu und vergleiche die einzelnen Schriftschnitte jeweils mit dem Schriftschnitt **Standard**!

Wort:	Schriftschnitt:

Wort:	Schriftschnitt:

Wort:	Schriftschnitt:

Wort:	Schriftschnitt:

2. Prüfe in einem Wörterbuch, welche Schriftschnitte zur Anwendung kommen! Ergründe, wofür welcher Schriftschnitt verwendet wird!

3. Stelle deine Cola-Dose **niemals** auf der Computertastatur ab!

Schreibe auf, welchen Eindruck das fette „niemals" auf dich macht, wie es auf dein „inneres Ohr" wirkt!

4. Begründe, warum Zitate in Texten in der Regel mit dem Schriftschnitt Kursiv formatiert werden!

5. Du willst den Schriftschnitt eines vorhandenen Textes ändern.
Wie gehst du vor, wenn es sich um
    a) ein einzelnes Wort handelt?
    b) den ersten Buchstaben in einem Wort handelt?
    c) alle ersten Buchstaben der groß geschriebenen Wörter eines Satzes handelt?
    d) einen ganzen Absatz handelt?

a)	
b)	
c)	
d)	

12 Lösung

Zeichenattribute – von Schriftarten, Schriftgraden und Schriftschnitten (3)

1. Der Schriftschnitt ist ein *Attribut* des *Objekts* **Zeichen**.

Ordne den Substantiven des Mustersatzes die entsprechenden Schriftschnitte zu und charakterisiere die einzelnen Schriftschnitte!

Wort: *Schriftschnitt*	Schriftschnitt: *Standard*
Standard ist der normale Schriftschnitt.	
Wort: *Attribut*	Schriftschnitt: *Fett, Kursiv*
Bei Fett und Kursiv sind die Buchstaben in Schreibrichtung geneigt. Die Strichstärke ist erhöht.	
Wort: *Objekts*	Schriftschnitt: *Kursiv*
Bei Kursiv sind die Buchstaben in Schreibrichtung geneigt.	
Wort: *Zeichen*	Schriftschnitt: *Fett*
Bei Fett ist die Strichstärke der Buchstabenlinien erhöht.	

2. Prüfe in einem Wörterbuch, welche Schriftschnitte zur Anwendung kommen! Ergründe, wofür welcher Schriftschnitt verwendet wird!

Standard	*die Übersetzung des Stichworts*
Kursiv	*Wortzusammenhänge und Stichwort-Eigenschaften (z.B. Wortart)*
Fett	*die Stichwörter*
Großbuchstaben	*die Branche, in der das Wort verwendet wird (z.B. Finanzen, Chemie usw.)*

3. Stelle deine Cola-Dose **niemals** auf der Computertastatur ab!

Schreibe auf, welchen Eindruck das fette „niemals" auf dich macht, wie es auf dein „inneres Ohr" wirkt!

Das fette Wort wirkt als sehr wichtig, es ist das Schlüsselwort in der Aussage.
Das fette Wort wirkt auf das „innere Ohr" als sehr laut.

4. Begründe, warum Zitate in Texten in der Regel mit dem Schriftschnitt Kursiv formatiert werden!

Zitate werden üblicherweise kursiv gesetzt, damit sie ein Leser deutlich vom übrigen Text unterscheiden kann.

5. Du willst den Schriftschnitt eines vorhandenen Textes ändern.
Wie gehst du vor, wenn es sich um
    a) ein einzelnes Wort handelt?
    b) den ersten Buchstaben in einem Wort handelt?
    c) alle ersten Buchstaben der groß geschriebenen Wörter eines Satzes handelt?
    d) einen ganzen Absatz handelt?

a)	*Die Einfügemarke in das Wort setzen und auf das entsprechende Schriftschnittsymbol klicken.*
b)	*Den Buchstaben markieren und auf das entsprechende Schriftschnittsymbol klicken.*
c)	*Den ersten Buchstaben wie bei b), dann den nächsten markieren und F4 drücken usw.*
d)	*Den Absatz mit Dreifachklick markieren und auf das entsprechende Schriftschnittsymbol klicken.*

| Name: | Klasse: | Arbeitsblatt | 13 |

Absatzattribute – Ausrichtung

1.

A	B	C	D
Absätze sind gedankliche Einheiten in einem Text. Sie enden, wenn sie mit einer Textverarbeitung geschrieben wurden, stets mit einem Absatzendezeichen.	Absätze sind gedankliche Einheiten in einem Text. Sie enden, wenn sie mit einer Textverarbeitung geschrieben wurden, stets mit einem Absatzendezeichen.	Absätze sind gedankliche Einheiten in einem Text. Sie enden, wenn sie mit einer Textverarbeitung geschrieben wurden, stets mit einem Absatzendezeichen.	Absätze sind gedankliche Einheiten in einem Text. Sie enden, wenn sie mit einer Textverarbeitung geschrieben wurden, stets mit einem Absatzendezeichen.

Unter **A** bis **D** siehst du verschieden ausgerichtete Absätze. Benenne die Ausrichtungen und charakterisiere sie.

A

B

C

D

2. Warum lässt sich der Text unter **A** nicht so flüssig lesen wie der Text unter **B**?

3. Welche Möglichkeiten siehst du bei der Ausrichtung unter **C**, ein möglichst gleichmäßiges Schriftbild ohne hässliche Textlücken zu erreichen?

4. Nenne Beispiele für die Anwendung der verschiedenen Ausrichtungen in der Praxis!

A	
B	
C	
D	

5. Zeige verschiedene Möglichkeiten auf, einem Absatz eine Ausrichtung zuzuweisen!

© DUDEN PAETEC GmbH, Berlin. Alle Rechte vorbehalten. Internet: www.duden-paetec.de

13 Lösung

Absatzattribute – Ausrichtung

1.

A	B	C	D
Absätze sind gedankliche Einheiten in einem Text. Sie enden, wenn sie mit einer Textverarbeitung geschrieben wurden, stets mit einem Absatzendezeichen.	Absätze sind gedankliche Einheiten in einem Text. Sie enden, wenn sie mit einer Textverarbeitung geschrieben wurden, stets mit einem Absatzendezeichen.	Absätze sind gedankliche Einheiten in einem Text. Sie enden, wenn sie mit einer Textverarbeitung geschrieben wurden, stets mit einem Absatzendezeichen.	Absätze sind gedankliche Einheiten in einem Text. Sie enden, wenn sie mit einer Textverarbeitung geschrieben wurden, stets mit einem Absatzendezeichen.

Unter **A** bis **D** siehst du verschieden ausgerichtete Absätze. Benenne die Ausrichtungen und charakterisiere sie.

A	*Rechtsbündig: Die Zeilen des Absatzes schließen rechts bündig ab. Auf der linken Seite bildet sich durch die unterschiedlichen Wortlängen ein Flatterrand.*
B	*Linksbündig: Die Zeilen des Absatzes beginnen links bündig. Auf der rechten Seite bildet sich durch die unterschiedlichen Wortlängen ein Flatterrand.*
C	*Blocksatz: Die Abstände zwischen den Wörtern einer Zeile werden automatisch so erweitert, dass alle Zeilen links und rechts bündig abschließen. Die letzte Zeile bleibt linksbündig.*
D	*Zentriert: Alle Zeilen werden an der Textmitte ausgerichtet. Auf diese Weise erscheint an der linken und der rechten Seite jeweils ein Flatterrand.*

2. Warum lässt sich der Text unter **A** nicht so flüssig lesen wie der Text unter **B**?

Beim Lesen wandert die Blickrichtung stets vom Ende einer Zeile zum Anfang der folgenden Zeile. Dieser Zeilenanfang ist leichter zu finden, wenn die Zeilen linksbündig angeordnet sind.

3. Welche Möglichkeiten siehst du bei der Ausrichtung unter **C**, ein möglichst gleichmäßiges Schriftbild ohne hässliche Textlücken zu erreichen?

Die Textbreite so weit erhöhen, dass genügend Wörter (fünf oder mehr) in einer Zeile Platz haben.

Die Wörter an kritischen Stellen trennen. Die automatische Silbentrennung aktivieren.

4. Nenne Beispiele, wo die verschiedenen Ausrichtungen in der Praxis angewendet werden!

A	*bei kleinen Textstellen, z.B. der Datumszeile in Briefen*
B	*bei allen handschriftlichen Texten, in Briefen, bei Gedichten*
C	*bei mehrspaltigen Texten in Zeitungen, auf Buchseiten*
D	*bei einigen lyrischen Gedichten, Speisenkarten, Einladungen*

5. Zeige verschiedene Möglichkeiten auf, einem Absatz eine Ausrichtung zuzuweisen!

Die Ausrichtung kann man über das Dialogfenster in dem Menü „Format – Absatz" zuweisen.

Über Tastenkürzel, z.B. Strg + L für linksbündig, Strg + R für rechtsbündig.

Von einem anderen Absatz über das Symbol „Format übertragen".

| Name: | Klasse: | Arbeitsblatt | 14 |

Absatzattribute – Einzüge

1. Im Bild siehst du ein Zeilenlineal mit sechs bezifferten Symbolen. Bestimme die Bedeutung der Symbole!

1	
2	
3	
4	
5	
6	

2. Unter **A** bis **D** siehst du Absätze mit verschiedenen Einzügen. Benenne die Einzüge und bestimme deren Attributwerte.

A	
B	
C	
D	

3. Gib Beispiele an, wann es sinnvoll ist, Absätze mit den unter **A** bis **C** gezeigten Einzügen zu formatieren!

A	
B	
C	

4. Beschreibe verschiedene Möglichkeiten, Absätze mit Einzügen zu formatieren!

14 Lösung

Absatzattribute – Einzüge

1.

Im Bild siehst du ein Zeilenlineal mit sechs bezifferten Symbolen. Bestimme die Bedeutung der Symbole!

1	Symbol für die linke Textbegrenzung – Grenze zwischen Text und linkem Blattrand
2	Symbol für den linken Einzug des Absatzes einschließlich der ersten Zeile
3	Symbol für den linken Einzug des Absatzes ausschließlich der ersten Zeile
4	Symbol für den linken Einzug der ersten Zeile des Absatzes
5	Symbol für den rechten Einzug des Absatzes
6	Symbol für die rechte Textbegrenzung – Grenze zwischen Text und rechtem Blattrand

2. Unter **A** bis **D** siehst du Absätze mit verschiedenen Einzügen. Benenne die Einzüge und bestimme deren Attributwerte.

A	linker Einzug – 1 cm
B	linker Einzug – 0,5 cm, rechter Einzug – 1 cm, Erstzeileneinzug – 0,5 cm
C	linker Einzug – 0,5 cm, rechter Einzug – 1 cm, Erstzeileneinzug (hängend) – 0,7 cm
D	linker Einzug – 0,5 cm, rechter Einzug – 1 cm

3. Gib Beispiele an, wann es sinnvoll ist, Absätze mit den unter **A** bis **C** gezeigten Einzügen zu formatieren!

A	Ein einzelner Absatz mit einem linken Einzug erscheint im Text als hervorgehoben.
	Mit linken Einzügen im Text kann man dessen Gliederung unterstreichen.
B	Ein Erstzeileneinzug verdeutlicht die Abgrenzung zum vorhergehenden Absatz. Er lockert das Schriftbild auf.
C	Ein hängender Einzug oder negativer Erstzeileneinzug unterstützt die Textgliederung bei Nummerierungen und Aufzählungen.

4. Beschreibe verschiedene Möglichkeiten, Absätze mit Einzügen zu formatieren!

Unter dem Menü „Format – Absatz" können die gewünschten Einzugswerte direkt eingetragen werden.
Durch Klicken auf die Symbole „Einzug verkleinern" bzw. „Einzug vergrößern" um jeweils 1,25 cm.
Durch Verschieben der entsprechenden Symbole im Zeilenlineal.
Mit Tastenkürzeln, z.B. Strg + M – linker Einzug, Strg + T – hängender Einzug jeweils 1,25 cm.

Name: **Klasse:**   **Arbeitsblatt 15**

Absatzattribute – Abstände und Absatzendezeichen

1.

A	B	C	D
Absätze sind gedankliche Einheiten in einem Text. Sie enden, wenn sie mit einer Textverarbeitung geschrieben wurden, stets mit einem Absatzendezeichen.	Wenn Absätze mit einer Textverarbeitung geschrieben wurden, enden sie stets mit einem Absatzendezeichen.	Absätze sind gedankliche Einheiten in einem Text. Sie enden stets mit einem Absatzendezeichen.	Absätze sind gedankliche Einheiten in einem Text. Absätze enden, wenn sie mit einer Textverarbeitung geschrieben wurden, stets mit einem Absatzendezeichen.

Der Absatz in der Spalte **A** soll dir als Vergleichsmuster dienen.
Er ist mit dem **Zeilenabstand Einfach** und **ohne** einen **Abstand Vor** oder **Nach** dem Absatz formatiert.
Nenne mögliche Abstände bei den Absätzen in den Spalten **B** bis **D**!

B	
C	
D	

2. Charakterisiere die Zeilenabstände **Einfach**, **Mindestens** und **Genau**!

3. Öffne das Dokument „Paul1.doc" (siehe Arbeitsblatt 7)!
Weise den Strophen folgende Absatzattributwerte zu:
– Abstand vor: 12 pt (die „leeren" Absätze zwischen den Strophen werden vorher gelöscht)
– hängender Einzug um 0,75 cm (Leerzeichen nach der Strophennummer durch Tabulator ersetzen)
Speichere dein Ergebnis als „Paul2.doc"!

4. Warum ist es vorteilhafter, statt eine Leerzeile vor jedem neuen Absatz einzufügen, die Absätze mit einem **Abstand Vor** zu formatieren?

5. Nenne sechs Absatzattribute, deren Attributwerte in dem zugehörigen Absatzendezeichen gespeichert sind!

6. Was geschieht, wenn das Absatzendezeichen eines Absatzes gelöscht wird?

15 Lösung

Absatzattribute – Abstände und Absatzendezeichen

1.

A	B	C	D
Absätze sind gedankliche Einheiten in einem Text. Sie enden, wenn sie mit einer Textverarbeitung geschrieben wurden, stets mit einem Absatzendezeichen.	Wenn Absätze mit einer Textverarbeitung geschrieben wurden, enden sie stets mit einem Absatzendezeichen.	Absätze sind gedankliche Einheiten in einem Text. Sie enden stets mit einem Absatzendezeichen.	Absätze sind gedankliche Einheiten in einem Text. Absätze enden, wenn sie mit einer Textverarbeitung geschrieben wurden, stets mit einem Absatzendezeichen.

Der Absatz in der Spalte **A** soll dir als Vergleichsmuster dienen.
Er ist mit dem **Zeilenabstand Einfach** und **ohne** einen **Abstand Vor** oder **Nach** dem Absatz formatiert.
Nenne mögliche Abstände bei den Absätzen in den Spalten **B** bis **D**!

B	*Zeilenabstand: 1,5-zeilig, Abstand Vor: 0*
C	*Zeilenabstand: Einfach, Abstand Vor: 6 pt*
D	*Zeilenabstand: Genau (Wert 9 pt)*

2. Charakterisiere die Zeilenabstände!

__Einfach:__ Standardzeilenabstand – ändert sich mit dem jeweiligen Schriftgrad

__Mindestens:__ Der vorgegebene Wert ändert sich nur, wenn der verwendete Schriftgrad die Vorgabe für den Zeilenabstand überschreitet.

__Genau:__ Der verwendete Schriftgrad beeinflusst nicht den vorgegebenen Zeilenabstand.

3. Öffne das Dokument „Paul1.doc" (siehe Arbeitsblatt 7)!
Weise den Strophen folgende Absatzattributwerte zu:
– Abstand vor: 12 pt (die „leeren" Absätze zwischen den Strophen werden vorher gelöscht)
– hängender Einzug um 0,75 cm (Leerzeichen nach der Strophennummer durch Tabulator ersetzen)
Speichere dein Ergebnis als „Paul2.doc"!

4. Warum ist es vorteilhafter, statt eine Leerzeile vor jedem neuen Absatz einzufügen, die Absätze mit einem **Abstand Vor** zu formatieren?

Das Attribut „Abstand Vor" wird von jedem neuen Absatz übernommen, braucht also nur einmal gesetzt zu werden.

Bei Layoutkorrekturen können die „Abstände Vor" aller Absätze gleichzeitig geändert werden.

5. Nenne sechs Absatzattribute, deren Attributwerte in dem zugehörigen Absatzendezeichen gespeichert sind!

Abstand: Vor 12 pt	*Ausrichtung: Links*	*Einzug: Rechts 2,5 cm*
Nummerierung: Ohne	*Tabstopp: 4 cm, links*	*Zeilenabstand: Doppelt*

6. Was geschieht mit einem Absatz, wenn sein Absatzendezeichen gelöscht wird?

Der Inhalt des nachfolgenden Absatzes wird angehängt. Die Attributwerte der gestrichenen Absatzendemarke gelten für den gesamten neuen Absatz.

| Name: | Klasse: | Arbeitsblatt 16 |

Absatzattribute – von Tabstopps und Tabulatoren (1)

1. Schreibe die nachfolgende Liste mit deiner Textverarbeitung! Verwende dabei aber nur Leerzeichen, um die einzelnen Wörter zu positionieren. Setze am Ende jeder Zeile jeweils ein Zeilenendezeichen ↵, damit der gesamte Text ein einziger Absatz ist. Bei der Positionierung soll dir das Zeilenlineal helfen.

```
Vorname        Nachname        Geburtstag      Telefonnummer
Hanna          Müller          9.1.95          6555234
Doris          Schmidt         12.4.96         3466618
Wilhelm        Krause          24.11.95        6655216
```

2. Wie viel Leerzeichen waren erforderlich? Wie setzt man ein Zeilenendezeichen?

3. Formatiere die erste Zeile der Liste fett! Markiere die gesamte Liste und wähle eine andere Schriftart! Erhöhe den Schriftgrad um einen Wert!
Wie wirken sich deine Änderungen auf das Aussehen der Liste aus?

4. Bringe deine Liste wieder in das ursprüngliche Format!
Ersetze die langen Leerzeichenreihen jeweils durch Tabulatoren! Wie gehst du vor?
Speichere das Dokument unter dem Namen „Tabulatoren"!

5. Wiederhole die Formatierungen wie in der Aufgabe 3!
Vergleiche die Auswirkungen der Formatierungen auf das Aussehen der Liste!

6. Aktiviere am linken Ende des Zeilenlineals den **Tabstopp links**!
Setze nun mit der Maus genau bei 3,75 cm, 7,5 cm und 11,25 cm jeweils einen Tabstopp in das Zeilenlineal und lösche die jetzt überflüssigen Tabulatoren aus deiner Liste!
Wie viele Tabulatoren konntest du einsparen? Wie viele Tabulatoren bleiben noch übrig?

7. Wie müsstest du vorgehen, um die Spalten 2, 3 und 4 deiner Liste bei 4 cm, 8 cm und 12 cm beginnen zu lassen? Speichere deine Änderungen unter „Tabulatoren2.doc"!

8. Warum wäre die letzte Änderung nicht möglich, wenn du nur die Standard-Tabstopps nutzen würdest?

16 Lösung

Absatzattribute – von Tabstopps und Tabulatoren (1)

1. Schreibe die nachfolgende Liste mit deiner Textverarbeitung! Verwende dabei aber nur Leerzeichen, um die einzelnen Wörter zu positionieren. Setze am Ende jeder Zeile jeweils ein Zeilenendezeichen ↵, damit der gesamte Text ein einziger Absatz ist. Bei der Positionierung soll dir das Zeilenlineal helfen.

Vorname	Nachname	Geburtstag	Telefonnummer
Hanna	Müller	9.1.95	6555234
Doris	Schmidt	12.4.96	3466618
Wilhelm	Krause	24.11.95	6655216

2. Wie viel Leerzeichen waren erforderlich? Wie setzt man ein Zeilenendezeichen?

Etwa 300 Leerzeichen

Tastenschlüssel: Umschalttaste + Eingabe-Taste

3. Formatiere die erste Zeile der Liste fett! Markiere die gesamte Liste und wähle eine andere Schriftart! Erhöhe den Schriftgrad um einen Wert!
Wie wirken sich deine Änderungen auf das Aussehen der Liste aus?

Durch die Änderung der Auszeichnung der Schrift, der Schriftart und des Schriftgrades verschieben sich

die Texte in den Zeilen. Die Spalten sind nicht mehr sauber ausgerichtet.

4. Bringe deine Liste wieder in das ursprüngliche Format!
Ersetze die langen Leerzeichenreihen jeweils durch Tabulatoren! Wie gehst du vor?
Speichere das Dokument unter dem Namen „Tabulatoren"!

Jede einzelne Leerzeichenreihe markieren und mit der Tabulatortaste durch Tabulatoren so ersetzen,

dass die Ausrichtung am Zeilenlineal (wie in Aufgabe 1 dargestellt) erhalten bleibt.

5. Wiederhole die Formatierungen wie in der Aufgabe 3!
Vergleiche die Auswirkungen der Formatierungen auf das Aussehen der Liste!

Im Gegensatz zur Aufgabe 3 ändern sich bei den verschiedenen Formatierungen nur die Abstände

zwischen den Texten. Die Ausrichtung in Spalten bleibt immer erhalten.

6. Aktiviere am linken Ende des Zeilenlineals den **Tabstopp links**!
Setze nun mit der Maus genau bei 3,75 cm, 7,5 cm und 11,25 cm jeweils einen Tabstopp in das Zeilenlineal und lösche die jetzt überflüssigen Tabulatoren aus deiner Liste!
Wie viele Tabulatoren konntest du einsparen? Wie viele Tabulatoren bleiben noch übrig?

Circa 14 (bis 17) Tabulatoren werden eingespart und 12 Tabulatoren bleiben übrig.

7. Wie müsstest du vorgehen, um die Spalten 2, 3 und 4 deiner Liste bei 4 cm, 8 cm und 12 cm beginnen zu lassen? Speichere deine Änderungen unter „Tabulatoren2.doc"!

Einfügemarke in die Liste setzen oder Liste markieren und die Tabstopps im Zeilenlineal

mit der Maus auf die gewünschte Position schieben.

8. Warum wäre die letzte Änderung nicht möglich, wenn du nur die Standard-Tabstopps nutzen würdest?

Weil die Standard-Tabstopps einen fest definierten Abstand haben und sich nicht verschieben lasssen.

| Name: | | Klasse: | Arbeitsblatt | 17 |

Absatzattribute – von Tabstopps und Tabulatoren (2)

1. Benenne die vier Tabstopparten und beschreibe ihre Wirkungsweise!

2. Untersuche in einem leeren Dokument die Kopfzeile!
(Bei Microsoft Word: „Ansicht – Kopf und Fußzeile". Bei StarOffice: „Einfügen – Kopfzeile")
Welche Tabulatoren findest du?
Welchen Zweck sollen sie erfüllen?

3. Benutze deine Liste aus dem Arbeitsblatt 16 (Dokument „Tabulatoren2.doc") und ersetze den Tabstopp links bei 8 cm durch einen Tabstopp rechts bei 9 cm!

Vorname	**Nachname**	**Geburtstag**	**Telefonnummer**
Hanna	Müller	9.1.95	6555234
Doris	Schmidt	12.4.96	3466618
Wilhelm	Krause	24.11.95	6655216

Beschreibe zwei Lösungswege!
Was hat sich an der Liste geändert?

1. Weg:
2. Weg:
Änderung:

4. Setze die Einfügemarke vor das Absatzendezeichen deiner Liste! Erzeuge einen neuen Absatz und schreibe eine weitere Zeile für deine Liste!
Wie erzeugst du den neuen Absatz? Was stellst du beim Schreiben der Listenzeile fest?

5. Verschiebe die Spalte mit den Geburtstagen so, dass sie in allen Zeilen deiner Liste bei 10 cm rechtsbündig abschließt!
Worauf musst du achten? Wie gehst du vor? Beschreibe zwei Wege!

17 Lösung

Absatzattribute – von Tabstopps und Tabulatoren (2)

1. Benenne die vier Tabstopparten und beschreibe ihre Wirkungsweise!

Tabstopp links	*Der Text nach dem Tabulator wird linksbündig am Tabstopp ausgerichtet.*
Tabstopp zentriert	*Der Text nach dem Tabulator wird zentriert am Tabstopp ausgerichtet.*
Tabstopp rechts	*Der Text nach dem Tabulator wird rechtsbündig am Tabstopp ausgerichtet.*
Tabstopp dezimal	*Dezimalzahlen werden an der Dezimalstelle, alles andere rechtsbündig ausgerichtet.*

2. Untersuche in einem leeren Dokument die Kopfzeile!
(Bei Microsoft Word: „Ansicht – Kopf und Fußzeile". Bei StarOffice: „Einfügen – Kopfzeile")
Welche Tabulatoren findest du?
Welchen Zweck sollen sie erfüllen?

In der Mitte einen Tabstopp zentriert und am rechten Zeilenende einen Tabstopp rechts.
Die Kopfzeile kann linksbündig beschrieben werden und/oder nach einem Tabulator zentriert
und/oder nach einem zweiten Tabulator rechtsbündig.

3. Benutze deine Liste aus dem Arbeitsblatt 16 (Dokument „Tabulatoren2.doc") und ersetze den Tabstopp links bei 8 cm durch einen Tabstopp rechts bei 9 cm!

Vorname	**Nachname**	**Geburtstag**	**Telefonnummer**
Hanna	Müller	9.1.95	6555234
Doris	Schmidt	12.4.96	3466618
Wilhelm	Krause	24.11.95	6655216

Beschreibe zwei Lösungswege!
Was hat sich an der Liste geändert?

1. Weg: *Einfügemarke in die Liste setzen → Tabstopp links bei 8 cm nach unten aus dem Zeilenlineal*
ziehen → links im Zeilenlineal Tabstopp rechts aktivieren und bei 9 cm ins Zeilenlineal klicken.
2. Weg: *Einfügemarke in die Liste setzen → Menü „Format – Tabulator – Tabstopp-Position 8 cm" →*
Löschen anklicken → Tabstopp-Position 9 cm eintragen → Rechts aktivieren → Setzen anklicken → OK.
Änderung: *Der Inhalt der Spalte Geburtstag ist rechtsbündig angeordnet.*

4. Setze die Einfügemarke vor das Absatzendezeichen deiner Liste! Erzeuge einen neuen Absatz und schreibe eine weitere Zeile für deine Liste!
Wie erzeugst du den neuen Absatz? Was stellst du beim Schreiben der Listenzeile fest?

Ein Tipp auf die Eingabetaste. Der neue Absatz enthält die gleichen Tabstopps wie der vorhergehende.
Die Listentexte lassen sich also mit jeweils einem Tipp auf die Tabulatortaste positionieren.

5. Verschiebe die Spalte mit den Geburtstagen so, dass sie in allen Zeilen deiner Liste bei 10 cm rechtsbündig abschließt!
Worauf musst du achten? Wie gehst du vor? Beschreibe zwei Wege!

Die Liste muss vorher so markiert werden, dass beide Absätze von der Markierung erfasst sind.
Liste markieren → Tabstopp rechts 9 cm mit der Maus auf 10 cm verschieben.
Liste markieren → Menü „Format – Tabulator" → Tabstopp rechts 9 cm löschen, rechts 10 cm setzen.

| Name: | | Klasse: | Arbeitsblatt | 18 |

Absatzattribute – von Tabstopps und Tabulatoren (3)

1.

A	B	C	D
rot – gelblich – violett – schwarz – weiß – himmelblau – grün	12,3 – 1,9 – 130,56 – 22,00 – 1000,6 – 0,175 – 0,333 – 99,0	99 88 55 – 7 65 43 – 12 11 32 54 – 53 67 98 – 11 21 98 – 3 00 87 – 32 81 12 – 43 98 66 45	1.2.08 – 11.12.08 – 6.10.07 – 8.8.99 – 22.11.88 – 31.12.00 – 29.2.96 – 25.2.08

Die jeweils durch einen Strich getrennten acht Objekte in einer Tabellenzelle sollen in einer Listenspalte mithilfe von Tabulatoren und Tabstopps untereinander angeordnet werden.
Entscheide, welcher Tabstopp jeweils geeignet ist, und begründe deine Entscheidung!

A	
B	
C	
D	

2. Ein Atlas enthält folgende Kapitel: Einführung, Europa, Afrika, Asien, Amerika, Australien.
Die Kapitel beginnen mit den Seiten 5, 12, 43, 57, 85 und 102.
Schreibe mit deinem Textverarbeitungsprogramm ein Inhaltsverzeichnis in Listenform!
Nummeriere die Kapitel und benutze bei der Zuordnung der Seitenzahlen zu den Kapiteln Tabstopps mit dem Füllzeichen „Punktierte Linie"!
Beschreibe, wie du vorgehst! Speichere das Dokument unter dem Namen „Atlas"!

3. Eine Rechnung ist in vier Spalten aufgebaut: Anzahl, Produkt, Einzelpreis und Gesamt.
Die fünf Zeilen der Rechnung weisen folgende Inhalte auf:
4, Dübel, 1,27 €, 5,08 € – 12, Schrauben, 0,69 €, 8,28 € – 2, Leisten, 10,29 €, 20,58 € – 120 Ziernägel, 0,19 €, 22,80 € – Summe, 67,03 €
Schreibe mit deinem Textverarbeitungsprogramm eine entsprechende Liste!
Setze für die einzelnen Spalten geeignete Tabstopps!
Beschreibe, wie du vorgehst! Speichere das Dokument unter dem Namen „Rechnung"!

Absatzattribute – von Tabstopps und Tabulatoren (3)

1.

A	B	C	D
rot – gelblich – violett – schwarz – weiß – himmelblau – grün	12,3 – 1,9 – 130,56 – 22,00 – 1000,6 – 0,175 – 0,333 – 99,0	99 88 55 – 7 65 43 – 12 11 32 54 – 53 67 98 – 11 21 98 – 3 00 87 – 32 81 12 – 43 98 66 45	1.2.08 – 11.12.08 – 6.10.07 – 8.8.99 – 22.11.88 – 31.12.00 – 29.2.96 – 25.2.08

Die jeweils durch einen Strich getrennten acht Objekte in einer Tabellenzelle sollen in einer Listenspalte mithilfe von Tabulatoren und Tabstopps untereinander angeordnet werden.
Entscheide, welcher Tabstopp jeweils geeignet ist, und begründe deine Entscheidung!

A	*Tabstopp links – Es handelt sich um einfachen Text. Textspalten lassen sich linksbündig formatiert besser lesen.*
B	*Tabstopp dezimal – Zahlenkolonnen werden immer so angeordnet, dass die Dezimalzeichen in den einzelnen Zeilen untereinanderstehen.*
C	*Tabstopp rechts – Telefonnummern enthalten keine Dezimalstellen. Sie lassen sich rechtsbündig besser erfassen, als linksbündig angeordnet.*
D	*Tabstopp rechts – Datumsangaben enthalten keine Dezimalstellen. Sie lassen sich rechtsbündig besser erfassen, als linksbündig angeordnet.*

2. Ein Atlas enthält folgende Kapitel: Einführung, Europa, Afrika, Asien, Amerika, Australien.
Die Kapitel beginnen mit den Seiten 5, 12, 43, 57, 85 und 102.
Schreibe mit deinem Textverarbeitungsprogramm ein Inhaltsverzeichnis in Listenform!
Nummeriere die Kapitel und benutze bei der Zuordnung der Seitenzahlen zu den Kapiteln Tabstopps mit dem Füllzeichen „Punktierte Linie"!
Beschreibe, wie du vorgehst! Speichere das Dokument unter dem Namen „Atlas"!

Am rechten Ende des Zeilenlineals einen (rechten) Tabstopp rechts setzen und über das Menü

„Format – Tabulator..." dem Tabstopp das Füllzeichen „Punktierte Linie" zuweisen.

Erste Zeile schreiben: „Einführung" Tabulator „5" Eingabetaste → der 1. Zeile eine Nummerierung mit

Klick auf das Symbol „Nummerierung" in der Symbolleiste zuweisen → restliche Zeilen schreiben.

3. Eine Rechnung ist in vier Spalten aufgebaut: Anzahl, Produkt, Einzelpreis und Gesamt.
Die fünf Zeilen der Rechnung weisen folgende Inhalte auf:
4, Dübel, 1,27 €, 5,08 € – 12, Schrauben, 0,69 €, 8,28 € – 2, Leisten, 10,29 €, 20,58 € – 120 Ziernägel, 0,19 €, 22,80 € – Summe, 67,03 €
Schreibe mit deinem Textverarbeitungsprogramm eine entsprechende Liste!
Setze für die einzelnen Spalten geeignete Tabstopps!
Beschreibe, wie du vorgehst! Speichere das Dokument unter dem Namen „Rechnung"!

Für Anzahl Tabstopp rechts, Produkt Tabstopp links, Einzelpreis und Gesamt Tabstopp dezimal setzen.

Zeilen 1 und 2 schreiben: Tabulator Anzahl Tabulator Produkt Tabulator Einzelpreis Tabulator Gesamt.

Tabstopps in Zeile 1 oder 2 eventuell durch Verschieben korrigieren.

Zeilen 3 und 4 schreiben.

Letzte Zeile: Tabulator, Tabulator, Summe, Tabulator, Tabulator, 67,03 €.

| Name: | Klasse: | Arbeitsblatt 19 |

Dokument und Seiten

1. Starte dein Textverarbeitungsprogramm und erzeuge ein leeres Dokument. Notiere die Seiten-Attributwerte für alle Ränder, das Papierformat und den Abstand der Kopfzeile vom Seitenrand!

_____
_____
_____
_____

2. Öffne die Datei „Einladung.doc" und teste verschiedene Seiten-Attributwerte.
   a) Was passiert, wenn du die Randeinstellung links auf 5 cm änderst?

   _____

   b) Wie verändert sich das Dokument, wenn das Papierformat auf A6 hoch (10,8 cm / 14,8 cm) geändert wird?

   _____

3. Erarbeite mit deinem Textverarbeitungsprogramm die Datei „Malware1.doc" im Papierformat A4 hoch und mit den Randeinstellungen links 2,5 cm und rechts 4,0 cm!

Malware

Als Malware bezeichnet man Computerprogramme, die beim Benutzer unerwünschte und schädliche Funktionen ausführen. Schadensfunktionen können zum Beispiel das Löschen oder Verändern von Dateien sein. Zur Malware gehören Viren, Würmer, Trojanische Pferde, Spam, Spyware und Hoaxes.

Aufbau von Viren:

Mit dem **Erkennungsteil** stellt der Virus fest, ob die Datei bereits befallen ist, und vermeidet Mehrfachinfektionen. Der Virus erhöht die Geschwindigkeit seiner Ausbreitung und wird nicht so schnell erkannt.

Der **Infektionsteil** wählt ein Programm aus und fügt den Programmcode des Virus ein. Das ausgewählte Programm ist nun infiziert und kann von da an selbst bei einem Aufruf weitere Programme infizieren.

Der **Funktionsteil** legt fest, was im System manipuliert werden soll. Manchmal werden Viren erst aktiv, wenn ein bestimmtes Ereignis eintritt, z.B. ein bestimmtes Datum.

Damit ein Virenangriff aber überhaupt stattfinden kann, benötigt das angreifende Programm in irgendeiner Art Zugang zu deinem PC – entweder über eine Netzwerk- oder Telefonverbindung oder über Datenträger, wie Disketten oder CD-ROMs.

---

4. Beschreibe dein Vorgehen zur Gestaltung des Textabschnitts zum „Aufbau von Viren" in 3 Spalten gleicher Breite von 4,5 cm ohne Zwischenlinie! Speichere das Ergebnis unter „Malware2.doc" ab!

_____
_____
_____
_____

19 Lösung

Dokument und Seiten

1. Starte dein Textverarbeitungsprogramm und erzeuge ein leeres Dokument. Notiere die Seiten-Attributwerte für alle Ränder, das Papierformat und den Abstand der Kopfzeile vom Seitenrand!

Ränder: links 2,5 cm, rechts 2,5 cm, oben 3 cm, unten 3 cm

Papierformat: A4

Abstand der Kopfzeile vom Seitenrand: 0,7 cm

2. Öffne die Datei „Einladung.doc" und teste verschiedene Seiten-Attributwerte.

a) Was passiert, wenn du die Randeinstellung links auf 5 cm änderst?

Einige Zeichen „rutschen" auf die nächste Zeile – man müsste sie löschen.

b) Wie verändert sich das Dokument, wenn das Papierformat auf A6 hoch (10,8 cm / 14,8 cm) geändert wird?

Das Layout ist völlig verschoben und nicht mehr „verwendbar".

3. Erarbeite mit deinem Textverarbeitungsprogramm die Datei „Malware1.doc" im Papierformat A4 hoch und mit den Randeinstellungen links 2,5 cm und rechts 4,0 cm!

4. Beschreibe dein Vorgehen zur Gestaltung des Textabschnitts zum „Aufbau von Viren" in 3 Spalten gleicher Breite von 4,5 cm ohne Zwischenlinie! Speichere das Ergebnis unter „Malware2.doc" ab!

Malware

Als Malware bezeichnet man Computerprogramme, die beim Benutzer unerwünschte und schädliche Funktionen ausführen. Schadensfunktionen können zum Beispiel das Löschen oder Verändern von Dateien sein. Zur Malware gehören Viren, Würmer, Trojanische Pferde, Spam, Spyware und Hoaxes.

Aufbau von Viren:

Mit dem **Erkennungsteil** stellt der Virus fest, ob die Datei bereits befallen ist, und vermeidet Mehrfachinfektionen. Der Virus erhöht die Geschwindigkeit seiner Ausbreitung und wird nicht so schnell erkannt.

Der **Infektionsteil** wählt ein Programm aus und fügt den Programmcode des Virus ein. Das ausgewählte Programm ist nun infiziert und kann von da an selbst bei einem Aufruf weitere Programme infizieren.

Der **Funktionsteil** legt fest, was im System manipuliert werden soll. Manchmal werden Viren erst aktiv, wenn ein bestimmtes Ereignis eintritt, z.B. ein bestimmtes Datum.

Damit ein Virenangriff aber überhaupt stattfinden kann, benötigt das angreifende Programm in irgendeiner Art Zugang zu deinem PC – entweder über eine Netzwerk- oder Telefonverbindung oder über Datenträger, wie Disketten oder CD-ROMs.

Markieren des Textabschnitts, der in 3 Spalten dargestellt werden soll

Menü „Format – Spalten"

Einstellung der Vorgaben: 3 Spalten, gleiche Spaltenbreite je 5 cm, keine Zwischenlinie

| Name: | Klasse: | Arbeitsblatt 20 |

Trennhilfe, Rechtschreibprogramm, Thesaurus

1. Notiere in ein leeres Dokument die absichtlich falsch geschriebenen Schüttelreime:

Manchmal höhrt man Möven lachen,
was nie und nimmer Löwen machen.

Es wirkte eine Klapperschlang,
bis ihr Geklapper schlapper klang.

a) Aktiviere die Rechtschreibprüfung und nenne drei verschiedene Möglichkeiten zur Bearbeitung vermutlich fehlerhafter Wörter!

b) Korrigiere die beiden vorhandenen Rechtschreibfehler durch Auswahl eines Vorschlags! Notiere Fehler und Korrektur:

c) Nimm das Wort „Klapperschlang" in das Wörterbuch auf und aktiviere die Rechtschreibprüfung erneut. Was stellst du fest?

d) Warum wird „wirkte" (es muss „würgte" heißen) nicht als falsches Wort erkannt?

2. Aktiviere in der Datei Malware2.doc (siehe Arbeitsblatt 19) die automatische Silbentrennung mit einer Trennzone von 0,3 cm.
Bitte die Datei nicht speichern!

a) Bewerte das neue Layout!

b) Welche Auswirkung hat eine anschließende Änderung der Randeinstellung links auf 5,0 cm bezüglich der Silbentrennung?

3. Was ist zu tun, um einen Textabschnitt von der automatischen Silbentrennung auszuschließen?

4. Finde mithilfe des Thesaurus je zwei Ersatzwörter für:

a) Etage

b) Mittelpunkt

c) gratulieren

d) laufen

20 Lösung

Trennhilfe, Rechtschreibprogramm, Thesaurus

1. Notiere in ein leeres Dokument die absichtlich falsch geschriebenen Schüttelreime:

Manchmal höhrt man Möven lachen,
was nie und nimmer Löwen machen.

Es wirkte eine Klapperschlang,
bis ihr Geklapper schlapper klang.

a) Aktiviere die Rechtschreibprüfung und nenne drei verschiedene Möglichkeiten zur Bearbeitung vermutlich fehlerhafter Wörter!

Ändern:	*einen Fehler korrigieren durch Auswahl eines Vorschlags*
Ignorieren:	*ohne Korrektur überspringen*
Zum Wörterbuch hinzufügen:	*ein „unberechtigt" bemängeltes Wort lernen lassen*

b) Korrigiere die beiden vorhandenen Rechtschreibfehler durch Auswahl eines Vorschlags! Notiere Fehler und Korrektur:

höhrt → hört

Möven → Möwen

c) Nimm das Wort „Klapperschlang" in das Wörterbuch auf und aktiviere die Rechtschreibprüfung erneut. Was stellst du fest?

Die erneute Prüfung übergeht das Wort – es wurde „gelernt".

d) Warum wird „wirkte" (es muss „würgte" heißen) nicht als falsches Wort erkannt?

Das Wort „wirkte" existiert ebenfalls im Wörterbuch. Der Sinn des Spruches wird nicht überprüft.

2. Aktiviere in der Datei Malware2.doc (siehe Arbeitsblatt 19) die automatische Silbentrennung mit einer Trennzone von 0,3 cm.
Bitte die Datei nicht speichern!

a) Bewerte das neue Layout!

Das Schriftbild wirkt ästhetischer – der Text in den 3 Spalten wirkt nun vollständiger.

b) Welche Auswirkung hat eine anschließende Änderung der Randeinstellung links auf 5,0 cm bezüglich der Silbentrennung?

Die Silbentrennung wird erneut automatisch ausgeführt und der neuen Randeinstellung angepasst.

3. Was ist zu tun, um einen Textabschnitt von der automatischen Silbentrennung auszuschließen?

– *Cursor im Absatz positionieren (oder mehrere Absätze markieren)*

– *Menü „Format – Absatz – Zeilen- und Seitenumbruch (Textfluss)"*

– *Option „keine Silbentrennung" aktivieren*

4. Finde mithilfe des Thesaurus je zwei Ersatzwörter für:

a) Etage

Stockwerk, Geschoss

b) Mittelpunkt

Zentrum, Schnittpunkt

c) gratulieren

beglückwünschen, Glück wünschen

d) laufen

gehen, wandern

| Name: | Klasse: | Arbeitsblatt | 21 |

Formatvorlagen für Absätze – eine große Hilfe (1)

1. Kreuze an, welche Aussagen für die Nutzung von Formatvorlagen zutreffen!

   a) Formatvorlagen helfen dir, mehrere Attributwerte für Formatierungen gleichzeitig zu realisieren. ☐

   b) Formatvorlagen können selbst erstellt werden. ☐

   c) Formatvorlagen gelten automatisch für alle Dokumente, die am PC erstellt werden. ☐

2. Öffne in deinem Textverarbeitungsprogramm die Formatvorlage „Standard" und notiere die Werte für die folgenden Attribute!

   a) Schriftart

   b) Schriftgröße

   c) Zeilenabstand

   d) Absatzausrichtung

3. Verändere einige Attributwerte in der Formatvorlage „Standard" beliebig, z.B. die Schriftart, die Schriftgröße und den Schriftstil! Öffne danach ein neues Dokument über das Symbol 🗋.

   a) Welche Veränderungen wurden übernommen?

   b) Wie machst du diese Einstellungen für die Formatvorlage „Standard" rückgängig?

4. Verwende die Absatzfomatvorlage „Titel" auf das Dokument Erde.doc (siehe Arbeitsblatt 9) zur Gestaltung der Überschrift!

   a) Wie gehst du vor?

   b) Notiere die Attributwerte für die Absatzformatvorlage „Titel" an deinem PC!

Formatvorlagen für Absätze – eine große Hilfe (1)

1. Kreuze an, welche Aussagen für die Nutzung von Formatvorlagen zutreffen!

a) Formatvorlagen helfen dir, mehrere Attributwerte für Formatierungen gleichzeitig zu realisieren. [x]

b) Formatvorlagen können selbst erstellt werden. [x]

c) Formatvorlagen gelten automatisch für alle Dokumente, die am PC erstellt werden. [ ]

2. Öffne in deinem Textverarbeitungsprogramm die Formatvorlage „Standard" und notiere die Werte für die folgenden Attribute!

a) Schriftart
Times New Roman

b) Schriftgröße
12 pt

c) Zeilenabstand
einfach

d) Absatzausrichtung
links

3. Verändere einige Attributwerte in der Formatvorlage „Standard" beliebig, z.B. die Schriftart, die Schriftgröße und den Schriftstil! Öffne danach ein neues Dokument über das Symbol.

a) Welche Veränderungen wurden übernommen?

Word: *Die (veränderte) Formatvorlage „Standard" findet sofort Anwendung, wenn vorher das*

   Kontrollkästchen „Zur Vorlage hinzufügen" aktiviert wurde.

Writer: *Die ursprüngliche Formatvorlage „Standard" ist wieder aktiviert.*

b) Wie machst du diese Einstellungen für die Formatvorlage „Standard" rückgängig?

   – Menü „Format – Formatvorlage – Alle Formatvorlagen – Standard"

   – Änderung der Attributwerte auf die ursprünglichen Werte

   – Aktivierung des Kontrollkästchens „Zur Dokumentvorlage hinzufügen" (nur in Word)

4. Verwende die Absatzformatvorlage „Titel" auf das Dokument Erde.doc (siehe Arbeitsblatt 9) zur Gestaltung der Überschrift!

a) Wie gehst du vor?

   – Öffnen des Dokuments Erde.doc

   – Cursor in die Überschrift setzen

   – Menü „Format – Formatvorlage – Alle Formatvorlagen – Titel"

b) Notiere die Attributwerte für die Absatzformatvorlage „Titel" an deinem PC!

   – Standard + Schriftart, 16 pt, fett

   – Ausrichtung: zentriert

   – Abstand vor: 12 pt; Abstand nach: 3 pt

| Name: | Klasse: | Arbeitsblatt 22 |

Formatvorlagen für Absätze – eine große Hilfe (2)

1. Erstelle und speichere in deinem Textverarbeitungsprogramm drei verschiedene Absatzformatvorlagen und wende diese später auf verschiedene Dokumente an!

Formatvorlagenname:	Strophe1	Strophe2	Titel1
Art der Vorlage:	Absatz	Absatz	Absatz
Absatzausrichtung:	links	zentriert	zentriert
Zeilenabstand:	einfach	1,5-fach	einfach
Abstand vor:	10 pt	6 pt	ohne
Schriftgröße:	9 pt	10 pt	20 pt
Schriftart:	Comic Sans	Arial	Times New Roman
Schriftstil:	kursiv	fett	fett
Schriftfarbe:	Blau	Dunkelgrün	Rot

2. Nutze die Zeichen- und Absatzformatierung für das Dokument Fruehling2.doc (siehe Arbeitsblatt 7)!
- Überschrift – Absatzformat „Titel1"
- Strophen – Absatzformat „Strophe1"

Speichere das Ergebnis (siehe rechts oben) unter „Fruehling3.doc"!

3. Beschreibe und teste eine schnelle Möglichkeit, das Layout aller Strophen, denen die Formatvorlage „Strophe1" zugeordnet ist, vollständig zu verändern: Die Strophen sollen zentriert dargestellt werden, alle anderen Absatzattribute sollen beibehalten werden (siehe rechts unten).

_____

_____

_____

4. Nutze für die Strophen des Dokuments Fruehling2.doc das Absatzformat „Strophe2"!
Speichere das Ergebnis unter „Fruehling4.doc"!
Skizziere das Layout:

Frühling

Nun ist er endlich kommen doch
In grünem Knospenschuh;
„Er kam, er kam ja immer noch",
Die Bäume nicken sich's zu.

Sie konnten ihn all erwarten kaum,
Nun treiben sie Schuss auf Schuss;
Im Garten der alte Apfelbaum,
Er sträubt sich, aber er muss.

Wohl zögert auch das alte Herz
Und atmet noch nicht frei,
Es bangt und sorgt: „Es ist erst März,
Und März ist noch nicht Mai."

O schüttle ab den schweren Traum
Und die lange Winterruh':
Es wagt es der alte Apfelbaum,
Herze, wag's auch du.

Theodor Fontane (1819 – 1898)

22 Lösung

Formatvorlagen für Absätze – eine große Hilfe (2)

1. Erstelle und speichere in deinem Textverarbeitungsprogramm drei verschiedene Absatzformatvorlagen und wende diese später auf verschiedene Dokumente an!

Formatvorlagenname:	Strophe1	Strophe2	Titel1
Art der Vorlage:	Absatz	Absatz	Absatz
Absatzausrichtung:	links	zentriert	zentriert
Zeilenabstand:	einfach	1,5-fach	einfach
Abstand vor:	10 pt	6 pt	ohne
Schriftgröße:	9 pt	10 pt	20 pt
Schriftart:	Comic Sans	Arial	Times New Roman
Schriftstil:	kursiv	fett	fett
Schriftfarbe:	Blau	Dunkelgrün	Rot

2. Nutze die Zeichen- und Absatzformatierung für das Dokument Fruehling2.doc (siehe Arbeitsblatt 7)!
- Überschrift – Absatzformat „Titel1"
- Strophen – Absatzformat „Strophe1"

Speichere das Ergebnis (siehe rechts oben) unter „Fruehling3.doc"!

3. Beschreibe und teste eine schnelle Möglichkeit, das Layout aller Strophen, denen die Formatvorlage „Strophe1" zugeordnet ist, vollständig zu verändern: Die Strophen sollen zentriert dargestellt werden, alle anderen Absatzattribute sollen beibehalten werden (siehe rechts unten).

Die Formatvorlage „Strophe1" wird verändert.

Alle Strophen, denen die Vorlage zugewiesen wurde, verändern sich automatisch!

4. Nutze für die Strophen des Dokuments Fruehling2.doc das Absatzformat „Strophe2"!
Speichere das Ergebnis unter „Fruehling4.doc"!
Skizziere das Layout:

Frühling

Nun ist er endlich kommen doch
In grünem Knospenschuh;
„Er kam, er kam ja immer noch",
Die Bäume nicken sich's zu.

Sie konnten ihn all erwarten kaum,
Nun treiben sie Schuss auf Schuss;
Im Garten der alte Apfelbaum,
Er sträubt sich, aber er muss.

...

Frühling

Nun ist er endlich kommen doch
In grünem Knospenschuh;
„Er kam, er kam ja immer noch",
Die Bäume nicken sich's zu.

Sie konnten ihn all erwarten kaum,
Nun treiben sie Schuss auf Schuss;
Im Garten der alte Apfelbaum,
Er sträubt sich, aber er muss.

...

Frühling
    Nun ist er endlich kommen doch
    In grünem Knospenschuh;
    „Er kam, er kam ja immer noch",
    Die Bäume nicken sich's zu.

    ...

Tabellen und Rahmen (1)

1. Ergänze die fehlenden Begriffe zum Aufbau einer Tabelle!

a) _____   c) _____

b) _____   d) _____

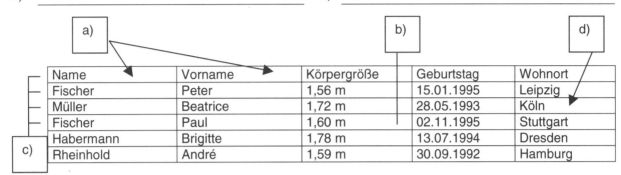

2. Erzeuge mit deinem Textverarbeitungsprogramm eine Tabelle nach dem Muster aus Aufgabe 1, jedoch mit Personenangaben aus deinem Freundeskreis!
Nutze gleiche Spaltenbreiten und eine angemessene Schriftgröße!
Speichere das Dokument unter dem Namen „Tabelle1.doc" ab!

3. Gestalte die Tabelle im Dokument „Tabelle1.doc" nach folgenden Vorgaben und speichere das Ergebnis unter „Tabelle2.doc" ab! Notiere in Stichpunkten, wie du vorgegangen bist!

a) Ergänze am Ende der Tabelle eine leere Zeile und notiere darin eine weitere Adresse!

_____

b) Lösche die gesamte Spalte Körpergröße!

_____

c) Ändere die Spaltenbreite mit der Überschrift „Wohnort" auf 6,5 cm – die restlichen Spaltenbreiten sollen 2,5 cm betragen!

_____

_____

d) Gestalte den Text im Tabellenkopf fett + kursiv + zentriert

_____

_____

_____

e) Benenne die Spaltenbezeichnung „Wohnort" in „Adresse" um und ergänze neben dem Wohnort noch die Straße mit Hausnummer!

_____

f) Ergänze rechts neben der Spalte „Adresse" eine neue Spalte mit der Bezeichnung „Mailadresse" (Spaltenbreite 3,0 cm) und ergänze dort dir bekannte E-Mail-Adressen der Personen!

_____

23 Lösung

Tabellen und Rahmen (1)

1. Ergänze die fehlenden Begriffe zum Aufbau einer Tabelle!

a) *Tabellenkopf* c) *Zeilen*

b) *Spalte* d) *Zelle*

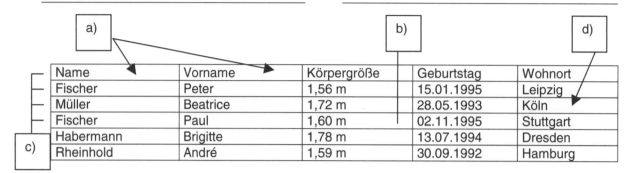

3. Gestalte die Tabelle im Dokument „Tabelle1.doc" nach folgenden Vorgaben und speichere das Ergebnis unter „Tabelle2.doc" ab! Notiere in Stichpunkten, wie du vorgegangen bist!

a) Ergänze am Ende der Tabelle eine leere Zeile und notiere darin eine weitere Adresse!

   Cursor in die letzte Zeile setzen → Menü „Tabelle – Zellen einfügen – Zeile unterhalb"

b) Lösche die gesamte Spalte Körpergröße!

   Cursor in die Spalte „Körpergröße" setzen → Menü „Tabelle – Löschen – Spalten"

c) Ändere die Spaltenbreite mit der Überschrift „Wohnort" auf 6,5 cm – die restlichen Spaltenbreiten sollen 2,5 cm betragen!

   Cursor in die Spalte „Wohnort" setzen → Menü „Tabelle – Tabelleneigenschaften – Spalte – Breite"

d) Gestalte den Text im Tabellenkopf fett + kursiv + zentriert

   Alle Spaltenüberschriften (Tabellenkopf) markieren → Menü „Format – Zeichen – fett+kursiv"

   → Menü „Format – Absatz – Ausrichtung zentriert"

   oder über die Symbole in der Symbolleiste

e) Benenne die Spaltenbezeichnung „Wohnort" in „Adresse" um und ergänze neben dem Wohnort noch die Straße mit Hausnummer!

   Cursor in die Spalte „Wohnort" setzen und mit „Adresse" überschreiben

f) Ergänze rechts neben der Spalte „Adresse" eine neue Spalte mit der Bezeichnung „Mailadresse" (Spaltenbreite 3,0 cm) und ergänze dort dir bekannte E-Mail-Adressen der Personen!

   Cursor in die letzte Spalte setzen → Menü „Tabelle – Zellen einfügen – Spalten nach rechts"

Name	*Vorname*	*Geburtstag*	*Adresse*	*Maildresse*
Fischer	Peter	15.01.1995	Leipzig, Hauptstraße 43	fisch@gmx.de
Müller	Beatrice	28.05.1993	Köln, Waldweg 12	
Fischer	Paul	02.11.1995	Stuttgart, Am Markt 66	paul93@onlin.de
Habermann	Brigitte	13.07.1994	Dresden, An der Kaufhalle 44	pipipiri@web.de
Rheinhold	André	30.09.1992	Hamburg, Pestalozzistr. 177	
Wintermann	Paul	12.12.1994	Berlin, Unter den Linden 55	Winter@web.de

| Name: | Klasse: | Arbeitsblatt | 24 |

Tabellen und Rahmen (2)

1. In den folgenden Tabellen ist die Anzahl der Zeilen und Spalten zu ermitteln!

a) 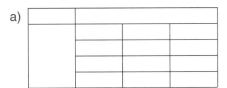   b)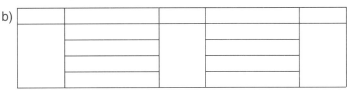

c)    d)

	a)	b)	c)	d)
Anzahl Zeilen				
Anzahl Spalten				

2. Wähle 2 dieser „verbundenen" Tabellen aus und erzeuge sie untereinander in deinem Textverarbeitungsprogramm! Benenne das Dokument „Tabelle3.doc"!

3. a) Erarbeite und gestalte eine „Jahreszeiten"-Tabelle mit dem unten vorgegebenen Layout!
b) Beschreibe in Stichpunkten die ausgewählten Formatierungen zur Änderung der Attributwerte für die Gestaltung der ersten Zeile mit „Hintergrundfarbe gelb" und „Rahmen unten 3 pt"!
c) Speichere das Dokument unter dem Namen „Tabelle4.doc"!

Übersicht der Jahreszeiten (meteorologisch)		
Frühling	März	
	April	
	Mai	
Sommer	Juni	
	Juli	
	August	
Herbst	September	
	Oktober	
	November	
Winter	Dezember	
	Januar	
	Februar	

4. Nutze das Dokument „Tabelle4.doc", um verschiedene (vorhandene) Tabellenformatvorlagen zu testen! Wie gehst du vor?

24 Lösung

Tabellen und Rahmen (2)

1. In den folgenden Tabellen ist die Anzahl der Zeilen und Spalten zu ermitteln!

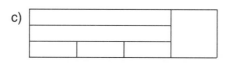

	a)	b)	c)	d)
Anzahl Zeilen	5	5	3	4
Anzahl Spalten	4	5	4	5

2. Wähle 2 dieser „verbundenen" Tabellen aus und erzeuge sie untereinander in deinem Textverarbeitungsprogramm! Benenne das Dokument „Tabelle3.doc"!

3.
a) Erarbeite und gestalte eine „Jahreszeiten"-Tabelle mit dem unten vorgegebenen Layout!
b) Beschreibe in Stichpunkten die ausgewählten Formatierungen zur Änderung der Attributwerte für die Gestaltung der ersten Zeile mit „Hintergrundfarbe gelb" und „Rahmen unten 3 pt"!
c) Speichere das Dokument unter dem Namen „Tabelle4.doc"!

Cursor in die erste Zeile setzen → Menü „Tabelle – Tabelleneigenschaften – Rahmen und Schattierungen" → Schattierung gelb → Übernehmen für Zelle

→ Rahmen Breite 3 pt unten → Übernehmen für Zelle

Übersicht der Jahreszeiten (meteorologisch)		
Frühling	März	
	April	
	Mai	
Sommer	Juni	
	Juli	
	August	
Herbst	September	
	Oktober	
	November	
Winter	Dezember	
	Januar	
	Februar	

4. Nutze das Dokument „Tabelle4.doc", um verschiedene (vorhandene) Tabellenformatvorlagen zu testen! Wie gehst du vor?

Cursor in die Tabelle setzen → Menü „Tabelle – Tabelle AutoFormat..." → Auswahl verschiedener vorgegebener Formatvorlagen

| Name: | Klasse: | Arbeitsblatt | 25 |

Grafikobjekte in Textdokumenten (1)

1. Füge in ein leeres Dokument drei beliebige Bilder oder ClipArt-Objekte zum Thema „Blumen" ein und gestalte sie nach bestimmten Kriterien!
Beschreibe in Stichpunkten, wie du vorgehst!

a) Alle Grafiken sollen 4 cm breit sein!

_____

_____

b) Alle Grafiken sollen einen Rand von 2 pt und eine rote Rahmenfarbe haben!

_____

_____

c) Die mittlere Grafik soll um 45° nach rechts gedreht werden!

_____

_____

d) Die 1. Grafik soll einen Kontrast von 30% erhalten!

_____

_____

e) Für die 3. Grafik soll eine Helligkeit von 80% realisiert werden!

_____

_____

f) Alle 3 Grafiken sollen nebeneinander, durch jeweils 5 Leerzeichen getrennt, dargestellt werden!

_____

_____

2. Skizziere die ungefähre Lage der Grafiken!

© DUDEN PAETEC GmbH, Berlin. Alle Rechte vorbehalten. Internet: www.duden-paetec.de

25 Lösung

Grafikobjekte in Textdokumenten (1)

1. Füge in ein leeres Dokument drei beliebige Bilder oder ClipArt-Objekte zum Thema „Blumen" ein und gestalte sie nach bestimmten Kriterien!
Beschreibe in Stichpunkten, wie du vorgehst!

a) Alle Grafiken sollen 4 cm breit sein!

Grafikobjekt markieren → Menü „Format – Grafik... – Größe – Breite 4,0 cm" (Word)

Grafikobjekt markieren → Menü „Format – Bild-Typ – Breite 4,0 cm" (Writer)

b) Alle Grafiken sollen einen Rand von 2 pt und eine rote Rahmenfarbe haben!

Grafikobjekt markieren → Menü „Format – Grafik... – Farben und Linien – Linie rot 2 pt" (Word)

Menü „Format – Bild – Umrandung – Linienart, Linienstärke, Linienanordnung festlegen" (Writer)

c) Die mittlere Grafik soll um 45° nach rechts gedreht werden!

Grafikobjekt markieren → Menü „Format – Grafik... – Größe – Drehung 45°" (Word)

Grafikobjekt markieren → Menü „Format – Objekt – Position und Größe – Drehung 45°" (Writer)

d) Die 1. Grafik soll einen Kontrast von 30% erhalten!

Grafikobjekt markieren → Menü „Format – Grafik... – Bild-Kontrast – 30%" (Word)

(in Writer nicht möglich)

e) Für die 3. Grafik soll eine Helligkeit von 80% realisiert werden!

Grafikobjekt markieren → Menü „Format – Grafik... – Bild-Helligkeit – 80%" (Word)

(in Writer nicht möglich)

f) Alle 3 Grafiken sollen nebeneinander, durch jeweils 5 Leerzeichen getrennt, dargestellt werden!

Durch die Anpassung der Objekte auf die Breite von 4,0 cm „rutschen" sie auf die gleiche Zeile.

→ Grafik anklicken, danach 1 x Cursor nach rechts drücken, danach 5 x Leertaste betätigen

2. Skizziere die ungefähre Lage der Grafiken!

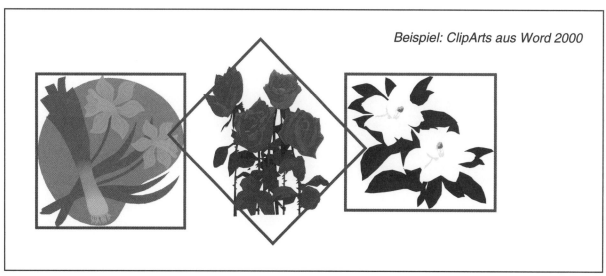

Beispiel: ClipArts aus Word 2000

Grafikobjekte in Textdokumenten (2)

1. Für die Gestaltung von Dokumenten benötigt man häufig Linien und Pfeile mit verschiedenen Attributwerten.

a) Erzeuge mit deinem Textverarbeitungsprogramm 4 einfache Linien und 2 Pfeile!

b) Gestalte diese 6 Objekte nach folgenden Vorgaben:

Linie 1	Linienart gestrichelt, Stärke 2 pt	Pfeil 1	beide Linienenden als ●— Linienart gestrichelt, 2,0 pt
Linie 2	Linienfarbe blau, Stärke 3 pt		
Linie 3	Linienart Strich-Punkt, Stärke 1,5 pt	Pfeil 2	beide Linienenden als Pfeile ➤ Linienart gepunktet, 1,5 pt
Linie 4	beide Linienenden als Pfeile		

c) Welche Möglichkeit der Formatierung nutzt du für alle Gestaltungen?

_____

_____

2. Für Überschriften, die besonders auffallen sollen, verwendet man Objekte der Gruppe WordArt (Word) bzw. FontWork (Writer). Du kannst ein Wort oder eine Wortgruppe zunächst in einem ausgewählten Layout anzeigen lassen und danach noch vielfältig bearbeiten.
Nutze das Dokument „Einladung.doc" (siehe Arbeitsblatt 8) und ersetze das Wort „Einladung" durch ein WordArt-/FontWork-Objekt „Einladung"! Beschreibe dein Vorgehen in Stichpunkten!!

_____

_____

_____

_____

3. Erarbeite mit deinem Textverarbeitungsprogramm 3 AutoFormen, die folgenden Vorgaben ähnlich sind!

a) Sprechblase mit Spitze nach rechts + Text

b) Pfeil mit einer Füllfarbe Blau und einer Randfarbe Rot

c) Rechteck mit gestricheltem Rand und grauer Füllung

d) Welche Vorgehensweise lässt sich für alle drei Grafikobjekte anwenden?

_____

_____

Grafikobjekte in Textdokumenten (2)

1. Für die Gestaltung von Dokumenten benötigt man häufig Linien und Pfeile mit verschiedenen Attributwerten.

a) Erzeuge mit deinem Textverarbeitungsprogramm 4 einfache Linien und 2 Pfeile!

b) Gestalte diese 6 Objekte nach folgenden Vorgaben:

Linie 1	– – – – – – – – – – – –	Pfeil 1	●– – – – – – – – – – – ●
Linie 2	──────────────		
Linie 3	–·–·–·–·–·–·–·–·–·–	Pfeil 2	◄·············►
Linie 4	◄──────────►		

c) Welche Möglichkeit der Formatierung nutzt du für alle Gestaltungen?

Menü „Grafik – AutoForm Formatieren – Linie – Farbe, Art, Stärke, Start- und Endlinienart" (Word)

Menü „Format – Objekt – Linie – Stil, Farbe, Breite, Linienenden" (Writer)

2. Für Überschriften, die besonders auffallen sollen, verwendet man Objekte der Gruppe WordArt (Word) bzw. FontWork (Writer). Du kannst ein Wort oder eine Wortgruppe zunächst in einem ausgewählten Layout anzeigen lassen und danach noch vielfältig bearbeiten.
Nutze das Dokument „Einladung.doc" (siehe Arbeitsblatt 8) und ersetze das Wort „Einladung" durch ein WordArt-/FontWork-Objekt „Einladung"! Beschreibe dein Vorgehen in Stichpunkten!

Dokument Einladung.doc öffnen → das Wort „Einladung" löschen → Aktivierung der Symbolleiste

„Zeichnen" → Wahl des Objekts WordArt/FontWork in der Zeichnen-Leiste → Auswahl des Layouts →

Schreiben des Textes „Einladung" → Verschieben des Objekts an eine passende Stelle des Blattes

3. Erarbeite mit deinem Textverarbeitungsprogramm 3 AutoFormen, die folgenden Vorgaben ähnlich sind!

a) Sprechblase mit Spitze nach rechts + Text

b) Pfeil mit einer Füllfarbe Blau und einer Randfarbe Rot

c) Rechteck mit gestricheltem Rand und grauer Füllung

d) Welche Vorgehensweise lässt sich für alle drei Grafikobjekte anwenden?

Menü „Einfügen – Grafik – AutoFormen" → Gestaltung über Menü „Format – AutoForm" (Word)

Aktivierung der Symbolleiste „Zeichnen" und der Symbolleiste „Zeichnungsobjekte Eigenschaften"

(Writer)

| Name: | Klasse: | Arbeitsblatt | 27 |

Grafikobjekte in Textdokumenten (3)

1. Füge in das Dokument „Erde3.doc" (siehe Arbeitsblatt 11) ein beliebiges, aber passendes Bild oder Clip-Art ein (Urheberrecht beachten) und speichere unter „Erde4.doc"!
Beschreibe in Stichpunkten, wie du vorgehst!

a) Nenne eine Möglichkeit zum Einfügen der Grafik!

_____

_____

b) Markiere die Grafik und aktiviere den Textfluss „Passend". Verschiebe die Grafik abwechselnd an den rechten Rand und in die Mitte des Textes.
Wie verändert sich der Text des Dokuments?

_____

_____

c) Beschreibe in Stichpunkten die Vorgehensweise, um das Grafikobjekt um 45° nach rechts zu drehen!

_____

_____

2. Öffne das Dokument „Tabelle4.doc" (siehe Arbeitsblatt 24)!

a) Füge in die 3. Tabellenspalte beliebige kleine Grafiken, die du aus AutoFormen selbst entwickelt hast! Die 4 Objekte sollen abwechselnd links, zentriert, rechts in den Zellen positioniert werden und zur jeweiligen Jahreszeit passen (Beispiel: siehe unten)!

b) Oberhalb der Tabelle soll eine passende Überschrift in WordArt bzw. FontWork gestaltet werden!

c) Unterhalb der Tabelle soll ein Textfeld mit einer Rahmenstärke von 2,5 pt, einer Linienfarbe Rot und einer Füllfarbe Gelb gestaltet werden! Der Text im Inneren des Objekts soll lauten: *„Späte Rosen im Garten, schöner Herbst und der Winter lässt warten"* (Bauernregel).
Textfelder nutzt man gerne, um Texte beliebig im Dokument zu verschieben und anordnen zu können. Teste diese Möglichkeit!

d) Speichere dein Ergebnis unter „Tabelle5.doc"!

Übersicht der Jahreszeiten (meteorologisch)		
Frühling	März	
	April	
	Mai	
Sommer	Juni	
	Juli	
	August	
Herbst	September	
	Oktober	
	November	
Winter	Dezember	
	Januar	
	Februar	

Späte Rosen im Garten, schöner Herbst und der Winter lässt warten.

Grafikobjekte in Textdokumenten (3)

1. Füge in das Dokument „Erde3.doc" (siehe Arbeitsblatt 11) ein beliebiges, aber passendes Bild oder Clip-Art ein (Urheberrecht beachten) und speichere unter „Erde4.doc"!
Beschreibe in Stichpunkten, wie du vorgehst!

a) Nenne eine Möglichkeit zum Einfügen der Grafik!

Cursor an Einfügeposition setzen → Menü „Einfügen – Grafik/Bild – Aus Datei"

Das Bild muss auf einem Datenträger vorhanden sein, z.B. „Erde.jpg"!

b) Markiere die Grafik und aktiviere den Textfluss „Passend". Verschiebe die Grafik abwechselnd an den rechten Rand und in die Mitte des Textes.
Wie verändert sich der Text des Dokuments?

Der Textfluss passt sich der Form der Grafik an. Zwischen Grafik und Text bleibt ein Freiraum.

c) Beschreibe in Stichpunkten die Vorgehensweise, um das Grafikobjekt um 45° nach rechts zu drehen!

Freies Drehen über das Symbol ↻ der Symbolleiste „Zeichnen/Zeichenobjekte" oder

Menü „Format – Grafik/Objekt – Größe/Position und Größe – Drehen um 45°"

2. Öffne das Dokument „Tabelle4.doc" (siehe Arbeitsblatt 24)!

a) Füge in die 3. Tabellenspalte beliebige kleine Grafiken, die du aus AutoFormen selbst entwickelt hast! Die 4 Objekte sollen abwechselnd links, zentriert, rechts in den Zellen positioniert werden und zur jeweiligen Jahreszeit passen (Beispiel: siehe unten)!

b) Oberhalb der Tabelle soll eine passende Überschrift in WordArt bzw. FontWork gestaltet werden!

c) Unterhalb der Tabelle soll ein Textfeld mit einer Rahmenstärke von 2,5 pt, einer Linienfarbe Rot und einer Füllfarbe Gelb gestaltet werden! Der Text im Inneren des Objekts soll lauten: *„Späte Rosen im Garten, schöner Herbst und der Winter lässt warten"* (Bauernregel).
Textfelder nutzt man gerne, um Texte beliebig im Dokument zu verschieben und anordnen zu können.
Teste diese Möglichkeit!

d) Speichere dein Ergebnis unter „Tabelle5.doc"!

Übersicht der Jahreszeiten (meteorologisch)		
Frühling	März	
	April	
	Mai	
Sommer	Juni	
	Juli	
	August	
Herbst	September	
	Oktober	
	November	
Winter	Dezember	
	Januar	
	Februar	

Späte Rosen im Garten, schöner Herbst und der Winter lässt warten.

| Name: | | Klasse: | Arbeitsblatt 28 |

Ein Textdokument entsteht

1. Nutze das Textdokument „Einladung.doc" (siehe Arbeitsblatt 8) und gestalte eine komplette Einladung zur Geburtstagsparty im Format DIN A4 hoch!
Die Angaben zum Termin, zum Ort und zur Uhrzeit sind verpflichtend.
Zur Gestaltung sollen mindestens 3 verschiedene Grafikobjekte genutzt werden.
Nutze die „Schrittfolge beim Erstellen komplexer Textdokumente" und speichere das Ergebnis unter „Einladung2.doc"!

2. Erarbeite und gestalte zusammen mit allen Schülern deiner Klasse Dokumentenmappen zum Thema „Erneuerbare Energie".

   a) Teilt die Klasse in zwei gleich starke Gruppen!

   b) Für solch eine umfangreiche Dokumentsammlung macht sich ein einheitliches Grundlayout erforderlich! Notiere die nach einem Gespräch festgelegten Seitenattributwerte und Absatzformatvorlagen!

   Seitenattributwerte (Seitengröße, Seitenränder, Kopfzeile):

   _____

   Absatzformatvorlagen (Überschriften, Fließtext, Aufzählungen)

   _____

   _____

   _____

   c) Verteilt die 12 Themen (siehe folgende Tabelle, rechte Spalte) innerhalb der Gruppen und legt die Anzahl der Seiten je Thema auf 1 oder 2 fest!

Energieart	Energiegewinnung durch
Sonnenenergie	Solarzellen (Fotovoltaik)
	Sonnenkollektoren
Windenergie	Windräder/Windpark
Wasserkraft	Flusskraftwerk
	Pumpspeicherkraftwerk
	Gezeitenkraftwerk
	Wellenkraftwerk
Bioenergie	Biomasse (Holzpellets)
	Biogas (Fäkalien)
	Biokraftstoff (Raps)
Erdwärme	Geothermiekraftwerk
	Bodensonden

Informationen und Bildmaterial zu diesen Themen findest du in Broschüren der Energieunternehmen, bei Heizungsfirmen, in der Zeitung, in Zeitschriften und im Internet, z.B.:
http://www.erneuerbare-energien.de   http://www.thema-energie.de/
http://www.dgs.de   http://www.bine.info/

   d) Überlegt in der Gruppe eine sinnvolle Gliederung und denkt an ein Deckblatt, welches die Definition des Begriffs „erneuerbare Energie" enthalten soll!

   e) Nutzt die „Schrittfolge beim Erstellen komplexer Textdokumente" und speichert das Ergebnis unter einem zutreffenden Namen ab!

   f) Fügt nach einem Gespräch die einzelnen Dokumente zusammen und überprüft, ob sich das gewählte Layout wie ein roter Faden durch die Mappe zieht!

28 Lösung

Ein Textdokument entsteht

1. Nutze das Textdokument „Einladung.doc" (siehe Arbeitsblatt 8) und gestalte eine komplette Einladung zur Geburtstagsparty im Format DIN A4 hoch!
Die Angaben zum Termin, zum Ort und zur Uhrzeit sind verpflichtend.
Zur Gestaltung sollen mindestens 3 verschiedene Grafikobjekte genutzt werden.
Nutze die „Schrittfolge beim Erstellen komplexer Textdokumente" und speichere das Ergebnis unter „Einladung2.doc"!

2. Erarbeite und gestalte zusammen mit allen Schülern deiner Klasse Dokumentenmappen zum Thema „Erneuerbare Energie".

   a) Teilt die Klasse in zwei gleich starke Gruppen!

   b) Für solch eine umfangreiche Dokumentsammlung macht sich ein einheitliches Grundlayout erforderlich! Notiere die nach einem Gespräch festgelegten Seitenattributwerte und Absatzformatvorlagen!

Seitenattributwerte (Seitengröße, Seitenränder, Kopfzeile):

A4 Hochformat, Kopfzeile mit Autorenangabe, Ränder oben, links und rechts 2,5 cm, unten 1,8 cm

Absatzformatvorlagen (Überschriften, Fließtext, Aufzählungen)

Formatvorlage Überschrift: Arial 14, fett, unterstrichen

Formatvorlage Texte: Arial 11, linksbündig, einzeilig, Abstand vor dem Absatz 12 pt

Formatvorlage Aufzählung: Aufzählungszeichen •, Einzug 1,25 cm hängend 0,63 cm

   c) Verteilt die 12 Themen (siehe folgende Tabelle, rechte Spalte) innerhalb der Gruppen und legt die Anzahl der Seiten je Thema auf 1 oder 2 fest!

Energieart	Energiegewinnung durch
Sonnenenergie	Solarzellen (Fotovoltaik)
	Sonnenkollektoren
Windenergie	Windräder/Windpark
Wasserkraft	Flusskraftwerk
	Pumpspeicherkraftwerk
	Gezeitenkraftwerk
	Wellenkraftwerk
Bioenergie	Biomasse (Holzpellets)
	Biogas (Fäkalien)
	Biokraftstoff (Raps)
Erdwärme	Geothermiekraftwerk
	Bodensonden

Informationen und Bildmaterial zu diesen Themen findest du in Broschüren der Energieunternehmen, bei Heizungsfirmen, in der Zeitung, in Zeitschriften und im Internet, z.B.:
http://www.erneuerbare-energien.de   http://www.thema-energie.de/
http://www.dgs.de   http://www.bine.info/

   d) Überlegt in der Gruppe eine sinnvolle Gliederung und denkt an ein Deckblatt, welches die Definition des Begriffs „erneuerbare Energie" enthalten soll!

   e) Nutzt die „Schrittfolge beim Erstellen komplexer Textdokumente" und speichert das Ergebnis unter einem zutreffenden Namen ab!

   f) Fügt nach einem Gespräch die einzelnen Dokumente zusammen und überprüft, ob sich das gewählte Layout wie ein roter Faden durch die Mappe zieht!